D1727047

Ursel Maichle-Schmitt
Kraftorte und Kraftwege

Ursel Maichle-Schmitt

Kraftorte und Kraftwege

Wegweiser zu Orten der Ruhe
auf der Alb und im Albvorland

Oertel+Spörer

Die Angaben in diesem Buch sind von der Autoren sorgfältig recherchiert und geprüft, dennoch kann eine Garantie nicht übernommen werden. Eine Haftung der Autorin bzw. des Verlages und seiner Beauftragten für Personen-, Sach- und Vermögensschäden ist ausgeschlossen.

Bibliografische Information der Deutschen Nationalbibliothek
Die Deutsche Nationalbibliothek verzeichnet diese Publikation in der Deutschen Nationalbibliografie; detaillierte bibliografische Daten sind im Internet über http://dnb.d-nb.de abrufbar.

© Oertel+Spörer Verlags-GmbH+Co.KG – 2006
Postfach 16 42, 72706 Reutlingen
Alle Rechte vorbehalten
Schrift: 9/12 p ITC Officina Sans
Gestaltung und Satz: büro maichle-schmitt, Engstingen
Druck und Bindung: Oertel+Spörer Druck und Medien-GmbH+Co., Riederich
Printed in Germany
ISBN-10: 3-88627-243-5
ISBN-13: 978-3-88627-243-3

Inhalt

Vorwort

Was sind Kraftorte und Kraftwege?

Kraftorte und Kraftwege gehörten fest zum Leben unserer Vorfahren. Berge, Flüsse, Wälder und Steine hatten einen Geist und wurden als mystische Orte verehrt. Auffällige Steine oder Steinkreise „markierten" oft diese Plätze und später dann bauten die Menschen dort Kirchen, Klöster und Kathedralen. Daraus ist der Irrglaube entstanden, dass Orte der Kraft oder auch heilige Orte etwas Gewaltiges, Auffallendes seien und für alle Menschen gültig sein müssen.

Im Zeitalter der Aufklärung gerieten das Wissen um die Vielfalt und das Erkennen von Kraftorten und Kraftwegen in Vergessenheit. Erst als der aufgeklärte und zivilisierte Mensch die Aborigines als „weises Naturvolk" verstehen lernte und die Indianer zumindest offiziell die Anerkennung als Ureinwohner Amerikas bekamen, entdeckten wir auch unser Wissen und unsere Spiritualität neu. Märchen, Sagen, Visionen und Mythen bekamen bei vielen Menschen wieder einen Platz in ihrem Leben und stillten die tiefe Sehnsucht nach Seelenheilung und Erkenntnis der eigenen spirituellen Wurzeln.

In meinem Buch möchte ich meine persönlichen Kraftorte beschreiben und Ihnen Mut machen nachzuspüren, ob auch Ihnen diese Orte Kraft spenden oder ob Sie vielleicht andere Kraftorte entdecken.

Es sind eben nicht nur Stonehenge, die Kathedrale von Chartres oder die Cheopspyramide, sondern es sind die Orte, die man täglich besuchen kann – zumindest dann, wenn man sie dringend braucht.

Wie erkennt man einen Kraftort oder Kraftweg?

Ein Kraftort ist ein Platz, an dem Sie neue Kraft tanken können. Dabei gibt es Orte, die körperlich guttun, und Orte, die für die Seele und geistige Inspiration gut sind. Außerdem gibt es noch Orte zum Feiern, zum Trauern, zum Lieben und zum inneren und äußeren Dialog mit anderen Menschen in der Gegenwart. Wer einen Kraftort sucht und offen ist für die Existenz dieser Plätze, der wird die besondere Atmosphäre und Ausstrahlung spüren, die ihm an Kraftorten und auf Kraftwegen begegnet. An manchen Plätzen ist eine geistige Präsenz vorhanden und der Platz wirkt geheimnisvoll und anziehend zugleich.

Es gibt eine Vielzahl von physikalischen Untersuchungen und anderen Wissenschaften, die mit verstandesorientierten Fakten versuchen, einen Ort zu erklären. Ich glaube nicht, dass diese Faktoren für Ihren und meinen persönlichen Kraftort von Bedeutung sind, da wir niemandem beweisen müssen, was an diesen Plätzen lebt. Für mich sind sie einfach nur da und sind gut.

Ich möchte damit nicht die Geomantie und Wünschelrutengänger in Frage stellen. Es fehlt mir einzig am tieferen Verständnis dieser Erfahrungswege, um ihre Wirkung auf mich feststellen zu können.

Wer kennt Kraftorte und Kraftwege?
Bei meinen Recherchen zu diesem Buch und vielen Gesprächen mit Freunden und Bekannten habe ich erfahren, dass eigentlich die meisten Menschen ihre Wege und Orte haben, die ihnen guttun und Kraft schenken. Sie sagen vielleicht nicht Kraftort dazu, aber sie fühlen, so glaube ich, das Gleiche. Manch einer, den ich nach Kraftorten befragte, wird vielleicht enttäuscht sein, den eigenen Kraftort oder Kraftweg nicht in diesem Buch zu finden, da er ihn gerne mit anderen Menschen teilen würde. Ich habe mich nach langen Überlegungen entschlossen, in diesem Buch von mir und meinen Orten zu erzählen, die vielen Erfahrungen anderer jedoch weiter zu sammeln und erst zu einem späteren Zeitpunkt zu veröffentlichen. Natürlich freue ich mich auch über Ihren Kraftort, dessen Beschreibung Sie mir gerne zuschicken können.

Kraftorte und Kraftwege im Herzen der Schwäbischen Alb
Als Wahlälblerin und Neigschmeckte lebe ich nun seit etwas mehr als 20 Jahren mit viel Genuss auf der Alb. Es sind die Menschen, die einmalige Kultur- und Naturlandschaft, die Wälder, der Albtrauf und die vielen „Buckele", Berge und Täler, die mich tief an diese Region gebunden haben. Überrascht bin ich immer wieder über die Klischees und Vorstellungen, die viele Besucher mitbringen. „Karg, kalt, trocken", das sind die drei häufigsten Attribute, die dabei verwendet werden. Immer wieder scheint es mir, dass insbesondere das Kälteempfinden mancher „auswärtigen" Freunde und Freundinnen massiv gestört ist, sobald sie die Honauer Steige überwunden haben. Selbst wenn ich in meinem Haus seit dem frühen Morgen eingeheizt habe und selbst bereits in T-Shirt und Sommerhose herumlaufe, kommen sie zur Tür

herein und klagen erst einmal, wie kalt es auf der Alb ist. Zugegeben, es ist manchmal schon „einen Kittel kälter" als im Tal, aber insgesamt sind es im Jahresmittel nur 2–3 Grad Temperaturunterschied.

Besonders das ausdauernde „Lüftle" auf der Alb sorgt für erfrischende Temperaturen und ein sehr gesundes Mittelgebirgsklima, das weder „föhngeschwängert" noch „industrieverschmutzt" ist. Vielleicht ist das auch der Grund, dass an den Wochenenden so viele Städter zum „Durchschnaufen" auf die Alb kommen.

Die angebliche Kargheit der Schwäbischen Alb ist ein Relikt aus dem Dreißigjährigen Krieg, als ganze Landstriche verwüstet und öde waren. Ein paar Jahrhunderte später hat sich die Landschaft glücklicherweise wieder ganz gut erholt und die Alb zählt zu den waldreichsten Gebieten in ganz Deutschland. Getrost kann man von blühenden Landschaften sprechen, wenn die Trockenmagerrasen, Wacholderheiden und Blumenwiesen im Frühjahr blühen und eine nur noch selten anzutreffende Artenvielfalt präsentieren. Nicht zu vergessen die Streuobstwiesen mit bis zu 1000 verschiedenen Tierarten und den prächtigen hochstämmigen Apfelbäumen. Seit einiger Zeit sind der Albmost und der Apfelsaft wieder in aller Munde und zaubern nicht nur bei Älblern ein sehr zufriedenes Lächeln ins Gesicht. Die Alb ist aber nicht nur ein Fleck Erde voll Genuss und Schlemmereien, sondern auch ein faszinierendes Stück Erdgeschichte. Der karstige (nicht garstige) Untergrund birgt eine Vielzahl von geheimnisvollen Höhlen, Spalten und unterirdischen Seen. Sichtbar sind nur die wenigsten, wie die bekannten Schauhöhlen und Quelltöpfe, aber dafür sind diese umso bekannter und werden gerne gezeigt. Außer den Alblöchern gibt es dann noch die Albfelsen, welche teils als Säulen, teils als Zeugenberge oder auch Vulkanschlote sichtbar sind.

Um auch das dritte Vorurteil und Klischee zu entkräften, noch ein paar Erkenntnisse zur Trockenheit auf der Alb. Wer sich die topografischen Karten des Landesvermessungsamtes genauer ansieht, wird feststellen, dass es auf der Alb eine Vielzahl von Quellen und Brunnen gibt, die meist ungefasst aus Berghängen oder an Talrändern aus dem Untergrund hervorsprudeln. Das Problem ist einzig der löchrige Untergrund. Kaum ist das Wasser an der Oberfläche, verschwindet es auch schon wieder in einer der zahlreichen Spalten und Klüfte, um

Richtung Donau oder Richtung Rhein zu fließen. Somit haben wir zwar sehr wenige, aber dafür besonders schöne Gewässer, wie die Lauter, die Echaz und den einen oder anderen Gumpen sowie ein paar beheizte Freibäder, die aber aus der Alb trotz aller Marketingbemühungen auch keine Region für den Badeurlaub machen konnten. Letztendlich ist die Alb zwar nicht trocken, aber trotzdem gibt es kaum Wasser.

Zu meiner Person

Als Mutter, Stiefmutter und Pflegemutter von sechs Kindern, mit einer Ausbildung als Schreinerin und nach Jahren der Arbeit mit psychisch kranken Menschen kam ich erst spät zum Schreiben und Fotografieren. Meine Themen sind seit vielen Jahren das Leben, das Land und die Menschen in der Region. Die Berührungspunkte ergaben sich im Privatleben und auch im Berufsleben als Inhaberin einer Werbe- und Konzeptagentur auf der Alb. Den Titel „Kraftorte und Kraftwege" zu schreiben und zu fotografieren wurde mir zu einem besonderen Bedürfnis, als ich selbst viel Kraft brauchte. In einer Zeit, als mein Sohn schwer erkrankt war und ich mich schweren Herzens aus der Arbeit mit behinderten Menschen zurückzog, erinnerte ich mich an viele besondere Plätze, die ich auf Wanderungen mit meinen Kindern und Recherchen für Bücher aus der Region kennen gelernt hatte. Dieses Wissen um die Kraft der Natur, der Mutter Erde und der Elemente möchte ich anderen Menschen weitergeben und neugierig machen auf die Erfahrungen an den besonderen Orten der Schwäbischen Alb.

Ein stiller Ort im Weinberg –
Das Wengerterhäusle

Der einsame Turm auf dem Weinberg

Metzingen ist heute in aller Welt für seine Fabrikverkäufe bekannt. Täglich strömen Tausende von Menschen zum Einkaufen in die Stadt. Oft herrscht dichtes Gedränge auf den Wegen zu den modernen Einkaufstempeln. Dabei hat Metzingen eigentlich eine ganz andere Geschichte. Einst war die Stadt berühmt für ihren Weinanbau. Die besten Weinbaulagen sind erhalten geblieben und liefern bis heute einen hervorragenden Wein. Bei den Recherchen zu einem Buch wurden mir von einer sehr netten Mitarbeiterin der Stadt Metzingen die wunderschönen Wege in den Metzinger Weinbergen gezeigt. Gemeinsam machten wir uns damals auf eine Tour bis hinauf zum Weinbergturm. Mit vielen schönen Bildern und sehr beeindruckt ging ich nach Hause. Mir war klar, dass ich hier noch mal hin musste.

Im Spätsommer finde ich Zeit und mache mich erneut auf den Weg hinauf zum Weinberghaus, um diesen Ort intensiver zu erleben. Auf der Steige Richtung Kohlberg biegt auf der rechten Seite ein kleiner Fahrweg ab, der zu einem Wanderparkplatz führt. Von dort aus gehe ich am Grillplatz durch den Wald auf einem geteerten Weg hinauf, bis an einer Abzweigung ein schmaler, steiler Serpentinenpfad das letzte Stück bergan führt. Auffallend viele Robinien stehen am Wegrand. Ein Baum, der die Tropenwälder vor der Abholzung bewahren könnte, da er ähnliche Eigenschaften wie die tropischen Edelhölzer aufweist. Ursprünglich stammt der Baum aus Amerika und wurde im 16. Jahrhundert nach Europa eingeführt. Zwischenzeitlich hat die anspruchslose Pflanze in vielen Gegenden Wurzeln geschlagen.

Nach einigen Schritten den steilen Weg hinauf erreiche ich den Gipfel, dessen Wiesenfläche durch Büsche und Bäume begrenzt ist. Am höchsten Punkt steht der runde Weinbergturm, der mit seinen Schießscharten an den Turm einer Burg oder eines Schlosses erinnert. Er befindet sich tatsächlich auf dem Burgstall einer ehemaligen Burganlage. Die Herren von Weinberg residierten hier bis ins 14. Jahrhundert. Der heute noch rund 2,5 m tiefe Graben ist der Rest des früheren Burggrabens. Direkt am Turm gibt es Bänke, auf denen man sich niederlassen kann, oder man setzt sich auf die Treppen des Turmes.

Die Thora lehrt uns den richtigen Lebensweg:
Zuerst soll der Mensch ein Haus bauen,
dann einen Weinberg pflanzen, und zuletzt heiraten.
Babylonischer Talmud
Quelle: Suta 17

Metzinger Weinberge

11

Besonders gerne besuche ich diesen Ort an Wochentagen, wenn nicht zu viele Ausflügler sich an diesem Aussichtspunkt tummeln. Oft sitze ich vollkommen allein, fernab der hektischen Stadt, und genieße die Weite des Ausblicks. Für mich ist der Weinberg ein Fluchtpunkt aus dem Alltagsstress. In der weiten Stille des Weinberggipfels schöpfe ich neue Kraft. Manchmal stelle ich mir vor, für immer auf einem Berg zu leben und einen Großteil meiner Sorgen und Nöte einfach im Tal zu lassen.

In der Umgebung

Durch den Weinberg führen eine Vielzahl von Wegen und ein Weinlehrpfad. Wer nach einer ausgiebigen Wanderung immer noch nicht müde ist, für den empfiehlt sich in der Stadt ein Besuch des Kelternmuseums oder natürlich in den Verkaufsräumen der Winzergenossenschaft. Dort kann man die edlen Tropfen der Metzinger Weinberge verkosten und käuflich erwerben. Im Ortsteil Glems befindet sich das sehr schön gestaltete Obstbaummuseum, das ebenfalls immer einen Besuch wert ist.

Wegbeschreibung

In Metzingen auf der L210 in Richtung Kohlberg/Neuffen die Steige hinauf fahren. Nach der dritten Abzweigung vom Ortsausgang aus gezählt, geht es in einer scharfen Kurve rechts weg. Vorsicht: Die Einfahrt ist nicht einfach zu finden. Sollten Sie daran vorbeigefahren sein, kann man weiter oben umdrehen.

Die Bank auf dem Burghügel

Der Calverbühl –
Ein Vulkan mit besonderer Anziehungskraft

Ziegenberg und Kraftort

Lange Zeit verband ich mit dem Namen „Calverbühl" den Ort Dettingen, den Kirschenlehrpfad und die Ziegen. Für mich war es einer
der vielen Vulkanschlote auf der Alb, die mehr oder weniger gut sichtbar im Lauf der Jahrtausende aus den umgebenden Gesteinsschichten
„herausmodelliert" wurden. Die Recherchearbeiten für ein anderes
Buch führten mich zum ersten Mal direkt zum Berg. Ich hatte ihn zwar
bereits bei mehreren Besuchen in Dettingen an der Erms gesehen, aber
nie bewusst wahrgenommen. Als ich den kegelförmigen Berg mit dem
einsamen, alten Baum auf seinem Gipfel dann zum ersten Mal bewusst
ansah, spürte ich sofort, dort muss ich hin. Er übte eine unwidersteh-
liche, fast physische Anziehungskraft aus.

Über den Kirschenlehrpfad erreiche ich den Fuß des Bergkegels. Rund
um den Berg verläuft ein Zaun mit Gattern, der die neugierigen Cal-
verbühl-Ziegen daran hindern soll, Ausflüge in die Umgebung zu machen. Die Tiere freuen sich über Besucher und begutachten jeden Gast
ausgiebig. An meiner Fototasche haben sie besonderen Gefallen gefunden und es bedarf einiger energischer Worte, um sie daran zu hindern, sich intensiver mit der Technik auseinanderzusetzen. Auf einem

Trampelpfad wandere ich die Serpentinen zum Gipfel hinauf. Nach ca. 60 Metern habe ich bereits das kleine Gipfelplateau erreicht. In dessen Mitte steht eine alte Linde, um deren Stamm herum eine Holzbank erbaut wurde. Der Ausblick von hier oben ist wunderbar. Vor mir das Tal mit den Häusern von Dettingen, linker Hand die Weinberge von Metzingen und direkt gegenüber die andere Talseite und Hochfläche mit malerischen Orten zwischen Wäldern, Wiesen und Äckern.

Auf einer Tafel an der Linde ist ein Gedicht, das die Schönheit der Landschaft hervorhebt. Für mich immer wieder erstaunlich, dass manche Plätze und Aussichtspunkte seit Menschengedenken Anziehungspunkte sind, die eine allgemeingültige Schönheit besitzen. Nur die Sichtweise und Interpretation des Betrachters verändert sich, der Ort bleibt der gleiche.

Am Calverbühl vereinigen sich spürbar verschiedene Kräfte. Zum einen die reine Kraft des Wassers in der Quelle an der Rückseite des Kegelberges, zum anderen das Eisen des Vulkanberges, der als einer der wenigen Vulkane auf der Alb Magma aus dem Erdinneren hervorgebracht hat. Das eisenhaltige Vulkangestein bewirkt eine deutliche Veränderung des Magnetfeldes der Erde. Die dritte Kraft, die diesen Ort beeinflusst, ist die Kraft der Linde. Sie galt bereits den Germanen

Ausblick vom Calverbühl

als Baum der Liebes- und Glücksgöttin Freya. Unter den Linden wurden häufig Opfer dargebracht. Der Baum der Freya war für die Germanen auch Gerichtsbaum, unter dem Ratsversammlungen und Gerichtssitzungen stattfanden. Durch den süßen Duft der Blüten soll manches Urteil milder ausgefallen sein, als wenn es unter einer Eiche ausgesprochen worden wäre. Die Linde schützt aber auch vor bösen Geistern sowie Dämonen und wird vielerorts in der Nähe von Häusern gepflanzt, um die Gebäude und Bewohner vor Unheil zu bewahren.

Die Linde ist auch mein besonderer Schutzbaum. Sie hat einen Platz in meinem Garten bekommen und ich liebe den honigartigen Duft der Blüten im Sommer. Ebenso schätze ich die heilende Kraft des Baumes. Ein Tee aus Lindenblüten ist ein wohltuendes Hausmittel gegen Fieber und Erkältungskrankheiten.

Der Calverbühl ist ein Ort, den ich zum „Auftanken" besuche. Schon von weitem „beflügelt" mich der Anblick des Bergkegels. Auf der „Rückseite" des Berges befindet sich ein Brunnen, der dem gegenüberliegenden Berghang entspringt. Es gibt wenige Plätze auf der Alb, die so vielfältige Kraftquellen bieten.

In der Umgebung

Dettingen ist von einem breiten „Streuobstwiesengürtel" umgeben. Äpfel, Birnen, Kirschen, Walnüsse, vereinzelt auch Pfirsiche wachsen an den Hängen des Tals. Ein Spaziergang entlang dieser Wiesen, mit den hochstämmigen, teils sehr alten Obstbäumen ist für mich immer wieder sehr erholsam. Der Duft der Blüten und im Spätsommer des reifen Obstes, die Vielfalt der Wiesenblumen sind ein Erlebnis für alle Sinne. Die Früchte der markierten Bäume entlang dem Kirschenlehrpfad können sogar direkt vom Baum probiert werden.

Wegbeschreibung

Von Reutlingen muss man auf der B28 über Metzingen in Richtung Bad Urach bis nach Dettingen an der Erms fahren. Dann in Dettingen zum Bahnhof und über die Gleise fahren. Von hier geht es immer den Berg hinauf bis zum Parkplatz vom Kirschenlehrpfad. Man kann hier schon parken oder auf dem Kirschenlehrpfad weiter den Berg hinauf fahren bis zum Fuße des Calverbühl.

Auf dem Calverbühl unter der Linde

Unter dem Weltenbaum –
Die Esche am Kohlhau

Die Stütze und Achse der Welt

Der Besuch einer Esche sollte niemals zufällig oder unachtsam gesche-hen, sondern immer im Bewusstsein der besonderen Kraft und Aus-strahlung des Weltenbaumes. In der germanischen Mythologie ist Ygg-drasil, die Esche, der erste Baum, der je gepflanzt wurde. Sie galt bei den Germanen als der größte und stärkste Baum der Erdengeschichte, als die Achse und Stütze der Welt. Mit ihren drei starken Wurzeln ver-band sie die unterschiedlichen Welten, die in die Götterstadt Asgard, zum Riesenland Jotunheim und nach Niflheim in die Unterwelt führ-ten. Über einen Regenbogen kommen die Götter zum Weltenbaum, um Gericht zu halten, und aus einem Brunnen an der Esche kommen die drei Schicksalsgöttinnen, die Nornen, um die Wurzeln des Baums zu bewässern und das Schicksal der Menschen zu bestimmen.

Die Esche galt aber auch als Baum der Heilung und als Schutzbaum. Als Wundholz, als Fiebertee, Rheumamittel und als Schutz gegen Schlan-genbisse wurde sie über viele Jahrtausende geschätzt.

In vielen Religionen und Mythologien sind aus Esche die Menschen entstanden. Der Indianerstamm der Algonkin glaubt, dass Mann und Frau durch einen Pfeil entstanden sind, den der Schöpfer der Erde in einen Eschenstamm schoss.

Yggdrasils Stamm
steht erzitternd,
es rauscht der Baumgreis,
der Riese kommt los.
Alles erbebt in der Unterwelt,
bis der Bruder Surts
den Baum verschlingt.
Aus „Der Seherin Gesicht", Edda

Die gefallene Esche ist aber auch ein Zeichen für den Weltuntergang. Leben und Tod, Licht und Dunkel, Erhaltung und Zerstörung trägt

Die Esche am Kohlhau

dieser besondere Baum in sich. Aus seinem Holz wurden tödliche Waffen geschnitzt und die Zauberstäbe der Druiden, die vor der zerstörerischen Kraft des Wassers schützen sollten.

Die Knospe einer Esche

Wenn wir heute eine Esche besuchen, uns unter ihr Blätterdach setzen und Ruhe in uns einkehren lassen, können wir vielleicht ein wenig von der besonderen Energie des Baumes spüren.

Die Esche steht fest in der Welt und ragt als freistehender Baum weit hinauf in den Himmel. Ihr Stamm bietet Halt und sie hilft bei der ganzheitlichen, besonnenen Betrachtung von Entscheidungen und Konflikten. Bereits Hildegard von Bingen erkannte und bezeichnete den Baum als Sinnbild der Einsicht.

In der Umgebung
Die Esche im Kohlhau steht inmitten einer Landschaft voller Rätsel und Schönheit. Nicht weit entfernt erreichen wir den Albtrauf mit wunderschönen Ausblicken auf die Berge und Kuppen der Schwäbischen Alb. Auf dem Weg am Albtrauf stoßen wir auf tiefe Felsspalten und den Molach, einen sagenumwobenen Tümpel mitten auf der Hochfläche.

Am Burrenhof sehen wir Hügelgräber der Kelten und die Reste einer riesigen Wallanlage, die einst das größte keltische Oppidum Deutschlands schützte.

Wegbeschreibung
Von Urach fährt man die Steige nach Hülben hoch und weiter in Richtung Neuffen. An der Neuffener Steige vorbei fahren und auf dem nächsten Parkplatz, gegenüber vom Burrenhof, links parken. Start ist der Wanderparkplatz am Burrenhof an der Kreisstraße K1263. Bereits von der Straße aus sieht man die Wegtafel der Expedition Schwäbische Alb.

Eine Esche an der Lauter

Am Eppenzillfelsen –
Mörike lässt grüßen

Ein besonderer Platz mit atemberaubendem Ausblick

Frei stehende Felsen, Felskanten oder Türme ziehen Menschen fast magisch an. Oft sind es Plätze, die seit langer Zeit von Schamanen, Medizinleuten und Weisen gekannt und genutzt wurden. Von hohen Aussichtspunkten konnten sie ihre spirituellen Flüge beginnen und weithin sichtbar Rauchopfer darbringen. Ein solcher Platz ist der Eppenzillfelsen. Nur noch durch einen schmalen Felsgrat mit dem Albtrauf verbunden, bietet er einen imposanten Ausblick. Bereits beim Betreten der kleinen, ebenen Fläche auf dem Felskopf spüre ich die Kraft des Steines und die spirituelle Kraft aus der Zeit der Heiler und Schamanen.

Es ist ein erhabener Ausblick von diesem Felsen und es ist ein Platz ,den ich alleine betreten muss. Dieses intensive Erlebnis und Gefühl kann ich nur schwer beschreiben und teilen. Es ist eine innere Reise zu mir und gleichzeitig die Öffnung für eine schier endlose Weite. Dieser Platz ist aber auch mit Vorsicht zu genießen. Man muss mit beiden Füßen auf dem Boden stehen, um nicht von der Tiefe angezogen zu werden. Am Rand des Felsens haben Esche und Buche einen Platz gefunden, um sich im Stein festzuklammern. Bizarre Baumlebewesen, die Wind und Wetter trotzen. Von hier oben hat man einen atemberaubenden Blick auf den Rutschenfelsen, den Runden Berg und die Ruine Hohenurach. Der Runde Berg war seit Menschengedenken ein beliebter Siedlungsort, wie Ausgrabungen zeigten. Kelten, Alemannen und Merowinger hatten hier ihre Höhensiedlungen und Schutzburgen. Es ist ein Berg mit einer außergewöhnlichen Anziehungskraft.

> *O weiser Baum,*
> *oh, schenke mir ein Stück Unsterblichkeit,*
> *gib preis der Väter Gut aus Eis und Feuer;*
> *gönne mir das Glück, Welt zu erschaffen,*
> *wo noch alles ruht.*
> *O windzerzauster Baum, gib mir Mut.*
> *Hoch raget dein Geäst ins Himmelreich,*
> *kein Blitzstrahl und kein Donners Leid.*
> *O Yggdrasil, vor Ehrfurcht ich erbleich,*
> *oh, Odin's heil'ge Esche, zeige mir dein Reich.*
> Von Joan Aiken, aus „The Weeping Ash"

Blick von der Bank auf dem Eppenzillfelsen

Unterhalb des Eppenzillfelsens, an der nahe gelegenen Mondmilch-höhle, hat sich einst Mörike seinen eigenen Kraftort geschaffen. Mit seinen Freunden aus dem „niederen theologischen Seminar" in Bad Urach erbaute er dort eine Holzhütte, die den Namen „Sorgenfrei" hatte. Hier trafen sich die Seminaristen häufig und erzählten von ihren Sorgen, sangen und lasen gemeinsam. Oft ging er mit Gedichten von Hölty an seinen geheimen Ort, wie er in einem Brief vom 11. November 1821 an Wilhelm Waiblinger schrieb:

„Das sind gewiss selige Augenblicke, wenn ich draußen an einem Lieb-lingsplatze den Hölty auf dem Schoß habe, seinem echten, frommen Liede zuhöre, mit ihm weinen muss, und bei dem Gedanken an das Jenseits mir vorstelle, dass ich einmal mich dort dem lieben blassen Getrösteten zutraulich nahen darf, um ihm dankend ins freundliche Auge zu blicken."

In der Umgebung

Zum Uracher Wasserfall sind es vom Eppenzillfelsen nur 1,5 km Fußweg am Albtrauf entlang. Es ist ein imposanter Anblick, wie das Wasser über eine „Kalktuffnase" in die Tiefe fällt. Interessant ist, dass dieses „Naturschauspiel" von Menschenhand geschaffen wurde. Ursprünglich floss das Wasser an dieser Stelle in mehreren kleinen Bächen den Hang hinunter. Im Zuge der Romantik wurde mithilfe eines Wasserkanals auf der Hochfläche das Wasser gebündelt und über die Hangkante gelenkt. Erstaunlich ist, dass aus diesem Wasser Steine entstehen. Durch che-mische Prozesse fällt der Kalk aus dem Wasser aus und überzieht das angrenzende Moos sowie Blätter am Fuße des Wasserfalls mit einer Kalkschicht. Hier kann man fast zusehen, wie Pflanzen versteinern.

Wegbeschreibung

In Bad Urach fahren wir in Richtung St. Johann, die Sirchinger Stei-ge hoch. Nach 750 m rechts abbiegen in die Hanner Steige/K6708 in Richtung Bleichstetten. Nachdem wir ganz oben aus dem Wald hinaus gefahren sind, biegen wir auf den ersten Parkplatz rechts ab und lau-fen auf dem Albvereinsweg mit dem Wegzeichen rote Raute, einem Wiesenweg, zum Wald und dem Albtrauf, bis hinaus auf den Felsen.

Blick hinunter ins Seltbachtal

Die Quelle des Wasserfalls –
Am Rutschenbrunnen

Die Kraft der Erde und des Wassers

Den Rutschenbrunnen und die Hochfläche vor dem Camererstein besuche ich bereits seit vielen Jahren. Anfangs mit meinen Kindern beim
Sonntagnachmittagsspaziergang, später dann immer öfter alleine, um
die Kraft und Atmosphäre dieses Ortes intensiv zu erleben.

Meist parke ich am Landwirtschaftlichen Schaufeld oberhalb von
Bleichstetten. Von dort sind es ca. zwei Kilometer auf einem Asphalt-
weg bis zum Brunnen. Nicht weit entfernt von der Rohrauer Hütte der
Naturfreunde versteckt sich der Brunnen in einer mit Bäumen bestan-
denen Bodensenke.

In weitem Bogen führt der Weg hinunter zum Brunnen. Die Senke bildet einen geschützten Ort, umgeben von alten Baumriesen, die ihr
Blätterdach über dem Brunnen ausbreiten. Nach ein paar Schritten
wird es still um mich herum und ich höre nur noch das helle Plätschern
des Wassers. Vereinzelt dringen Sonnenstrahlen zwischen den Baumkronen hindurch und senden Lichtpunkte auf den finsteren und feuch-
ten Boden der Senke. Im Schein des Lichtes wird sichtbar, wie das
Wasser des Brunnens bereits nach wenigen Metern wieder im Gestein

versickert. Gegenüber dem Brunnen ist die Senke von einem mächtigen Felsen begrenzt. Der Stein ist mit einer Buche „verwachsen". Die dicken Wurzeln halten ihn eng umschlungen.

Oberhalb des Brunnens steht eine Holzbank im weichen Gras, mit dem die Ränder der Senke bewachsen sind. Ein Platz zum Ausruhen, zum Innehalten und zur Meditation. An diesen Ort kehre ich immer dann zurück, wenn mein Leben zu schnell und hektisch geworden ist. Hier spüre ich die Kraft des Wassers, der Bäume und der Erde. Hier fühle ich mich geborgen. Hier steht die Zeit für einen Moment still. Der kurze Wasserlauf, der nach wenigen Metern wieder im Dunkeln der Erde versickert, erinnert mich an mein eigenes kurzes Leben. Jeder Lichtstrahl, jeder Moment, jede Begegnung sind wertvoll, und doch gerate ich immer wieder in den Strudel der Rastlosigkeit, der Hektik und Atemlosigkeit. Wenn ich dann abends nicht mehr weiß, wie ich am Morgen aufgestanden bin, ist es wieder an der Zeit, zum Rutschenbrunnen zu gehen.

Die Menschheit ist ein Fluss des Lichtes,
der aus der Endlichkeit zur Unendlichkeit fließt.
Khalil Gibran

Die Baumgruppe am Rutschenbrunnen

Der Rutschenbrunnen ist ein alter keltischer Ort. Auf der Hochfläche um den Rutschenbrunnen und am nahe gelegenen Leimberg befanden sich keltische Siedlungen. Das Wasser bedeutete für die Kelten Heilung und Reinigung. Die Quelle bildete neben dem Baum den Mittelpunkt der religiösen Verehrung der Kelten. Hier war auch das Tor zur Anderswelt. Als

Der Brunnen liegt tief in der Senke

Göttin der Quellen wurde Sequana verehrt. Ihr brachte man Opfer, indem man Gegenstände in eine Quelle warf. Auf diese Weise dankte man den Göttern, bat sie um Hilfe oder sprach Verwünschungen gegen andere Personen aus.

In der Umgebung

Nach nur wenigen Schritten in Richtung Albtrauf erreichen wir den Camererstein. Uns erwartet eine beeindruckende Aussicht ins Brühltal. Vor uns liegen der Hohenurach mit den Ruinen der einst uneinnehmbaren Festungsanlage, der Runde Berg – ein uralter Siedlungsort – und links am Horizont die Burg Hohenneuffen. Besonders in den Abendstunden trifft man hier oft auf Menschen, die Ruhe und diesen schönen Ausblick suchen. Vom Camererstein ist es linker Hand nicht weit auf den Runden Berg und rechter Hand zum Uracher Wasserfall.

Wegbeschreibung

Von Reutlingen fährt man nach Eningen u. A. und hier die Steige hoch, auf der L380 nach St. Johann. In Würtingen muss man nach Bleichstetten abbiegen. Nun geht es weiter in Richtung Bad Urach auf der K6708\Hanner Steige. Direkt hinter Bleichstetten ist linker Hand der Wanderparkplatz mit Schaufeld. Von hier aus laufen wir auf dem geteerten Weg zum Albtrauf, Rohrauer Hütte und Camererstein. Wenn wir immer auf diesem Weg bleiben, kommt kurz vor dem Albtrauf auf der linken Seite eine große Baumgruppe. In ihr befindet sich der Rutschenbrunnen.

Baumlebewesen auf dem Felsen in der Brunnensenke

Der Erntbrunnen bei Ohnastetten –
Heilung und Kraft

Neue Energie aus der Tiefe der Erde

Zwischen Ohnastetten und Würtingen, nicht weit von der viel be-
fahrenen Kreisstraße entfernt, befindet sich die Erntquelle in einer
Bodensenke, umgeben von Holunderbüschen und hochgewachsenen
Buchen. Direkt neben der Quelle ist ein kleines Sitzbrett und gegenüber dem Wasser steht in einem Steinkreis ein prächtiger Holunderbusch. Das Quellwasser und die Wohnstätte des keltischen Erdgottes
Puschkaitis, unter dem Holunderbusch, liegen an diesem Platz direkt
nebeneinander.

Puschkaitis ist der Herr über alle Waldwesen wie Holzmännchen, Ko-
bolde und Waldfeen und lenkt in der keltischen Mythologie mit seinen
Gehilfen die Geschicke der Menschheit. Im Blattwerk und Geäst des
Busches ist der Wohnort von Frau Holle, der lichtbringenden Mut-
tergottheit, die mit ihrer besonderen Kraft alles Übel von Haus und
Mensch fernhält.

Der Grund für die besondere Wertschätzung und Ehrerbietung dem Holunder gegenüber erklärt sich aber auch aus der Wirksamkeit als Heil-
mittel. Fast alle Teile des Baumes können für Tee, Sud, Wickel sowie

Lebenskraft aus dem Brunnen

als Saft oder Mus verwendet werden und waren zumindest in früheren Zeiten ein fester Bestandteil jeder ländlichen Hausapotheke. Seine Wirkung reicht von schweißtreibend, blutreinigend über fiebersenkend bis hin zur Steigerung der Körperabwehr.

Einst galt Holunder als unantastbar. Nur wer vor ihm niederkniete und freundlich um einen Teil von ihm bat, durfte einen Zweig oder etwas Rinde zur Herstellung von Heilmitteln nehmen.

Als das Wasser noch nicht in Hülle und Fülle aus dem Wasserhahn kam, galten Quellen als heilig. Niemand durfte eine Quelle verunreinigen oder beschädigen. Quellfrevel wurde meist mit dem Tode bestraft. Die Quellen galten auch, ähnlich wie der Holunder, als Tor zur Unterwelt und als Schatzhüter. Unzählige Sagen und Geschichten erzählen von wilden Ochsen, Pferden oder Wölfen, die ihre Opfer in eine Quelle hineinzogen und auf Nimmerwiedersehen verschwinden ließen.

Ich weiß nicht mehr, seit wie vielen Jahren ich immer wieder an diesen Ort zurückkehre. Es ist kein ruhiger, abgeschiedener Ort, sondern ein Kraftort, der uns heilendes, energiereiches Wasser schenkt und positive Impulse geben kann. Auf den ersten Blick unscheinbar, fast unwirtlich, erschließt er sich nur den Menschen, die bereit sind, sich diesem Platz zu öffnen. Dem Plätschern des Wassers zuzuhören, die

Der Steinkreis unter der Holunderbusch

Welt da draußen noch wahrzunehmen, aber durch das Blätterdach und die Senke sich geborgen und sicher zu fühlen, das ist für mich der Erntbrunnen. Auch wenn der Brunnen nicht als Trinkwasser deklariert ist, kommen hier viele Menschen aus der Umgebung her und holen sich hier ein „gutes Wasser".

Der Zugang zum Erntbrunnen

> *„Frau Holle tut das Wasser tragn*
> *mit goldenen Kannen aus goldenem Brunnen,*
> *drinnen liegen viel Kinder.*
> *Sie legt's auf die Kissen und tut sie schön küssen,*
> *und tut sie schön wiegen auf goldener Stiegen,*
> *tut sie schön wiegen.*
> *Frau Holle tut das Wasser tragn*
> *mit goldenen Kannen aus goldenem Brunnen,*
> *drinnen liegen viel Kinder."*
>
> Altes nordisches Volkslied

In der Umgebung

Auf dem Weg Richtung Gächingen befindet sich auf der rechten Seite das Lonsinger Tal, ein Trockental. Ein alter Fluss hat diese schöne Landschaft geformt. Hier gibt es ungefähr in der Mitte des Tales einen Hungerbrunnen, der nur manchmal Wasser führt. Das Lonsinger Tal bezaubert mit seiner kargen Schönheit und totaler Abgeschiedenheit.

Wegbeschreibung

Von Reutlingen fährt man über Pfullingen nach St. Johann auf der B312/B313 bis nach Unterhausen. Dort auf die L387 in die Holzelfinger Straße nach links abbiegen in Richtung Holzelfingen. In Holzelfingen links abbiegen auf K6711/Ohnastetter Straße in Richtung Ohnastetten-Würtingen. Hinter Ohnastetten, den Berg hinunter. Auf der rechten Seite kommt ein großer Baum. Erst danach nach rechts in den Feldweg abbiegen und parken. Zu Fuß folgen wir dem Weg nach oben und biegen nach wenigen Metern in Richtung Wald nach links ab. Gleich im Wald befindet sich die Quelle.

Die Friedenslinde –
Stille auf dem Burgplatz

Ein Besuch bei meinem Baum

Zum ersten Mal bewusst sah ich die Friedenslinde oberhalb von Bronn-
weiler an einem nebligen Morgen im Spätherbst. Bei dieser Gelegen-
heit ist auch das Titelbild zu diesem Buch entstanden. Der Baum auf
der Kuppe hat eine außergewöhnlich schöne, wohlgeformte Krone und
strahlt bereits von weitem eine starke Anziehungskraft aus. Sein Anblick weckt Sehnsüchte und Träume. Die Linde ist ein starker Baum mit
festem Stand. Bei ihr kann man Halt finden, in ihr wohnen Weisheit
und Klarheit, aber auch Sanftheit und Lebenskraft. Im Frühling ist die
Linde von Abertausenden Insekten umschwirrt und gibt reichen Nek-
tar. Unter ihr treffen sich die Liebenden und knüpfen zarte Bande. Im
Herbst, wenn sie ihre bunten Blätter abwirft, ist sie stark und macht
uns Mut loszulassen.

Die Bank unter der Friedenslinde gehört zu meinen Lieblingsplätzen
im Albvorland. An diesem Platz spüre ich intensiv die Heilkräfte des
Baumes. Es ist ein Ort für Entscheidungen und Fragen. Nicht umsonst

war die Linde früher häufig ein Gerichtsbaum. Unter der Linde fanden auch des öfteren Ratsversammlungen statt. Die Menschen spürten, dass die Linde ihnen half, gerechte Urteile zu fällen und gute Beratungen zu führen.

Jeder Mensch reagiert anders auf die Kräfte eines Baumes. Um herauszufinden, welcher Baum zu einem passt, muss man mit Baumlebewesen in Kontakt treten. Findet man einen Baum sympathisch, so muss man ihn fragen, ob er bereit zu einer Begegnung mit uns ist. Die Antwort spüren wir und müssen sie so, wie sie ist, akzeptieren. Wenn der Baum die Begegnung bejaht, können wir uns an ihn lehnen und ihn spüren. Mit einer Hand am Baum und mit der anderen Hand am 3. Chakra (Solarplexus) spürt man seine Energie. Je mehr ich bei der Baummeditation loslassen kann und eins werde mit den Wurzeln, dem Stamm, den Ästen und Blättern, umso intensiver fühle ich die Kraft des Baumes. Manchmal gibt mir der Baum Antworten auf lange ungelöste Fragen. Was mir der Baum gibt, gebe ich mit Liebe, Dankbarkeit und Achtung zurück, nur so geht es uns beiden gut.

Die Linde im Abendlicht

Was für uns heute sehr esoterisch und vielleicht auch abgehoben erscheint, einen Baum zu spüren und zu fragen, ist ein uraltes Wissen, das die meisten Menschen verloren haben. Erstaunlich ist, dass Bäume auch im Unbewussten wirken. Mediziner haben zum Beispiel beobachtet, dass Menschen, die von ihrem Krankenzimmer auf einen Baum blicken können, oft schneller gesund werden. Viele Menschen gehen besonders gerne im Wald spazieren und fühlen sich danach wie neugeboren, ohne sich der Kraft der Bäume bewusst zu sein.

> *Ein Baum spiegelt das Sein. Er wandelt sich.*
> *Verändert stellt er sich selbst wieder her.*
> *Und bleibt immer der gleiche.*
>
> Indianische Weisheit
> Quelle: Von den Ojibwa,
> nordamerikanischer Indianerstamm
> aus der Gruppe der Algonkin

In der Umgebung

Nicht weit von der Friedenslinde entfernt befindet sich das Alteburger Käpfle. Auf dem kleinen Berg befindet sich ein Aussichtsturm („Käpfle" von „kapfen" = „schauen"). Das künstlich geschaffene Plateau, auf dem der Turm steht, ist ein alter Burgplatz. Burgreste sind auf dem Käpfle allerdings nicht mehr zu sehen. Die Steinquader sind vermutlich erst im Zuge der Burgenromantik auf das Käpfle geschafft worden und sollten an die „alte Burg" erinnern. Besonders schön sind die Linden, die am Rande des Plateaus gepflanzt wurden. Sie geben der Fläche eine Begrenzung und eine sehr romantische Stimmung. Der Ausblick vom Turm zeigt die berühmten Albvorberge „Achalm", „Georgenberg" und auf dem dritten, dem „Alteburger Käpfle", steht der Aussichtsturm. Interessant ist, dass alle Berge unterschiedlich entstanden sind. Die Achalm ist ein Zeugenberg, der Georgenberg ein Vulkanschlot und das Alteburger Käpfle der Rest eines gewaltigen Bergrutsches am Albtrauf, der zu Urzeiten bis weit in das Gebiet der heutigen Stadt Reutlingen reichte.

Wegbeschreibung

Von Reutlingen aus fährt man auf der L383 in Richtung Gönningen. Die Straße führt an der Alteburg vorbei. Oben muss man nach Bronnweiler/ Gomaringen abbiegen. Von hier aus ist die Linde schon zu sehen. Nach ca. 600 Meter gleich noch mal rechts in einen landwirtschaftlichen Weg fahren und man steht am Fuße des Berges, auf dem die Linde steht. Hier parken und den Weg zuerst nach oben und dann im Linksbogen um den Berg herum gehen, bis ein Wiesenpfad zur Linde hinauf führt.

Aussicht von der Friedenslinde

Ruhe auf dem Vulkan –
Der Pfullinger Hausberg

Ein Berg erzählt seine Geschichte

Lange bevor man Pfullingen erreicht, sieht man bereits den Hausberg der Stadt am Albanstieg. Seit kurzem wieder deutlich erkennbar an seiner kahlen Kuppe. Einst das normale Antlitz des Berges, verlor er im Lauf der Jahrzehnte sein Gesicht und wucherte gänzlich zu. Erst die Pflegemaßnahmen der Pfullinger Ortsgruppe des Schwäbischen Albvereins befreiten ihn zumindest teilweise von Gestrüpp und jungen Bäumen. Dort hinauf zieht es mich immer wieder. Wer genügend Zeit mitbringt, kann unten von Pfullingen loswandern. Der Weg führt immer bergauf, vorbei an gepflegten Hausgärten, über schmale Treppen in den Streuobstgürtel des Berges. Heute ist nur noch ein geringer Teil der unzähligen Obstbäume übrig, für die Pfullingen einst berühmt war. Hier wuchsen Äpfel, die bis zu fünfmal so groß waren als in anderen Gegenden. In der Stadt stiegen zu dieser Zeit fast an jedem Haus die Rauchsäulen der Dörröfen auf. Apfelringe und Birnenschnitze wurden von Händlern in ganz Süddeutschland verkauft.

Am Wanderparkplatz auf einer Fläche unterhalb des Gipfels enden die Streuobstwiesen. Am Wegrand wachsen große Kastanienbäume. Erinnerungen an meine Kindheit werden wach, als wir Kastanien tütenweise sammelten und damit spielten oder bastelten. Von hier an führt der Weg fast eben um den Berg herum, bis man auf den Hauptwanderweg 5 des Schwäbischen Albvereins trifft. Im spitzen Winkel führt uns jetzt ein schmaler Pfad weiter hinauf. Im Frühling und Sommer fühle ich mich hier wie im Urwald. Bäume und Sträucher bilden ein grünes Dickicht, das nur an manchen Stellen von alten Baumgestalten durchbrochen wird, die in einer Zeit gewachsen sind, als der Georgenberg noch fast ganz kahl war und als Weide, Weinberg, Hopfenanbaugebiet und Acker genutzt wurde. Damals hatten die Baumkronen und Äste Platz zum Wachsen und bildeten breite Kronen aus. In der Enge des jungen, wild wuchernden Waldes müssen Bäume schnellstmöglich ins Licht wachsen, um überleben zu können. Sie bilden lange, schmale Stämme und eher kleine Baumkronen aus. Vereinzelt sieht man auch knorrige, betagte Obstbäume, die Reste der höher gelegenen Streuobstwiesen. Auch Krüppeleichen gibt es hier, die mit ihrer bizarren

Die Krüppeleiche erinnert an Geistwesen

Wuchsform manchmal an Geister oder Fabelwesen erinnern. An manchen Stellen sind noch alte Weinbergterrassen sichtbar, aus einer Zeit, als der gesamte Südhang des Georgenbergs mit Weinreben bedeckt war. Wahrscheinlich war der Wein damals recht sauer und nur mit einer extra Portion Honig genießbar.

Nach einigen Serpentinen stehe ich auf dem Gipfel und habe einen wunderbaren Ausblick weit ins Albvorland. Vom ersten Besuch an, habe ich auf dem Georgenberg eine besondere Kraft und Spiritualität gespürt. Ich kann allerdings nicht unterscheiden, ob es die Kraft des ehemaligen Vulkans ist, aus dessen Schlot der Georgenberg entstand, oder ob hier oben noch etwas anderes „lebte".

Bei meinen Recherchen stieß ich dann auf eine mögliche Antwort. Auf dem Berg stand einst eine Kapelle, 16 m breit und 32 m lang. Sie war lange Zeit eine beliebte Wallfahrtskirche, bis sich ein Gotteslästerer und Spieler darin erhängt haben soll und die Kirche dann Mitte des 16. Jahrhunderts abgerissen wurde.

Es ist die Nähe des Himmels, die uns immer wieder auf Berge hinaufführt. Es ist aber auch die spirituelle Kraft der Steine, die uns herausfordert, die wir spüren wollen und mit der wir uns manchmal auch messen wollen. Ein Erlebnis, das insbesondere von Extrembergsteigern beschrieben wird und für uns in dieser Intensität nicht immer verständlich und nachfühlbar scheint. Unzählige Sagen und Geschichten erzählen von den verborgenen Kräften eines Berges. Menschen finden hier ihr Glück und ihren Untergang. Geister kommen nachts aus dem Berg und besuchen die Dörfer und Städte. Aus dem nahe gelegenen Urselberg sollen noch heute die Urschel und ihre Gehilfinnen entsteigen.

Das Gipfelplateau des Georgenbergs ist für mich ein Rückzugsort. An diesem Platz kann ich Dinge, die mich bewegen, mit etwas Abstand betrachten und ihnen einen Platz geben. In Lebensphasen, in denen vieles auf mich einstürmt, mir viele neue Menschen begegnen oder verlockende Entscheidungen anstehen, sind Berge ein gutes Mittel, um sowohl festen Stand und Bodenständigkeit zu bekommen als auch die notwendigen visionären Kräfte nicht zu verlieren. Auf einem Berg steht man zwischen Himmel und Erde. In diesem Spannungsfeld kann viel Neues entstehen.

In der Umgebung

Wer Pfullingen nur als Durchgangsort zur Schwäbischen Alb kennt, verpasst einiges. Ein guter Einstieg, um Pfullingen zu entdecken, sind der historische Stadtrundgang und ein Besuch in der Baumann'schen Mühle, in der viel Infomaterial über Pfullingen erhältlich ist. Der Stadtrundgang ist ausführlich in der „Expedition Schwäbische Alb entlang des HW5" beschrieben.

Wegbeschreibung

Wir fahren in der Weststadt die Griesstraße aufwärts. Nachdem wir die letzten Häuser passiert haben, bleiben wir weiterhin auf diesem Weg und folgen ihm bis zum Parkplatz am Fuße des Georgenbergs.
Wir gehen nach rechts. Vorbei an der großen Kastanie wandern wir auf dem Frieder-Renz-Weg zuerst etwas abwärts. Auf nahezu gleich bleibender Höhe führt uns dieser Weg dann drei Viertel um den Georgenberg, bis wir auf den Hauptwanderweg 5 (HW5) mit Wz „roter Balken" stoßen, dem wir nun im spitzen Winkel aufwärts folgen. Weiter oben zweigt ein Stichweg ab, der uns zum Gipfel führt. Wir gehen auf dem gleichen Weg bis zum Abzweig zurück und folgen dann weiter dem HW 5 Wz „roter Balken" Richtung Pfullingen. Bald darauf erreichen wir eine Gabelung. Hier gehen wir nach rechts und bleiben auf dem mit Wz „roter Balken" bezeichneten Weg. Am Fuße des Georgenbergs stoßen wir wieder auf den Frieder-Renz-Weg, dem wir nun nach rechts zum Ausgangspunkt zurück folgen.

Gewitterstimmung auf dem Georgenberggipfel

Im Greuthau –
Wege durch eine alte Landschaft

Auf stillen Wegen

Viele Besucher, die am Wochenende oder im Urlaub auf die Alb kommen, ahnen nicht, dass sie gleich oberhalb der Honauer Steige eine der schönsten Landschaften der Alb verpassen: das Greuthau. Und obwohl eine viel befahrene Straße das Naturschutzgebiet teilt, kann man im Greuthau bezaubernde Momente der Stille und inneren Ruhe erfahren.

Mein erster Besuch dieses fast 200 Hektar großen Gebietes fand bei einer Wandertour mit meinen Kindern statt. Seitdem hat mich das Greuthau nicht mehr losgelassen und viele Besuche folgten. Es ist vielleicht die Mischung zwischen unterschiedlichen Landschaftstypen, die mich anspricht und mir immer wieder die Möglichkeit gibt, aus dem Alltag heraus Luft zu holen, ein paar Schritte zu gehen und an etwas anderes zu denken als an Kinder, Familie, Zeitdruck, Verleger oder Werbekonzepte. Da ich ganz in der Nähe wohne, besteht die Möglichkeit der kleinen Fluchten und Zwischenstopps zum Entschleunigen.

Im Greuthau verläuft meine Hausrunde, wenn ich Nordic Walking mache, genauso steht hier meine Entspannungsbank, auf der ich meine Seele baumeln lassen kann. Auf der einen Seite der Straße am Tobelkapf befindet sich der eher düstere, spektakuläre Teil der Landschaft. Am Tobelkapf blicke ich hinunter in eine tiefe Schlucht, den Tobel. Dort hausten einst Hexen und zogen Menschen in ihre geheime Höhle, aus der sie nie mehr zurückkehrten. Zwei mächtige Linden markieren die alte Passhöhe. Noch heute meine ich die erleichterten Seufzer der Fuhrleute zu hören, wenn sie den höchsten Punkt der steilen Steige aus dem Tal überwunden hatten. Aber auch die Angst lebte an diesem Platz. Mit voll beladenem Wagen war es lebensgefährlich, eine Steige ins Tal hinunterzufahren.

Über die Brücke geht es in eine ganz andere Landschaft: Wacholderheiden auf Trockenmagerrasen, ehemaliges Ackerland und Heuwiesen in sattem Grün mit einer bunten Vielfalt an Wiesenblumen. An den Waldrändern und auf den Wiesen sind vereinzelt Weidbäume an ihrer Mehrstämmigkeit zu erkennen. Es ist eine Landschaft für die Seele, die Erholung und Ruhe braucht. Meine Bank steht oben an einer Wacholderheide unter einer Buche. Für diesen Platz lohnt es sich, ein gutes Buch mitzunehmen und einfach ein bisschen Zeit mitzubringen. Zeit für sich, Zeit zur Erholung, Zeit zum Durchatmen. Immer wieder geschieht es, dass ich anderen Menschen hier oben begegne, die genau wie ich die Ruhe und Entspannung suchen und sich bezaubern lassen von der Natur.

Passhöhe am Tobelkapf im Greuthau

Wer das Greuthau erwandern möchte, findet verschiedene Wege, die durch die Landschaft führen. Unterwegs sieht man eine eindrucksvolle Doline und eine Baumgruppe zeigt den Platz einer alten Hüle, an der einst das Vieh auf der Greuthauweide getränkt wurde. Der Weg führt im Wechsel über offene Wiesenflächen, Wacholderheiden und durch den Wald. Auch

Doline im Greuthau

auf den Wegen durchs Greuthau spürt man die eindringliche Ruhe und gute Ausstrahlung dieser Landschaft.

In der Umgebung

Ganz in der Nähe befindet sich das Schloss Lichtenstein, ein Wahrzeichen der Schwäbischen Alb und eine viel besuchte Sehenswürdigkeit. Viel schöner finde ich jedoch den nordöstlich des Traumschlosses herausragenden Felsen, auf dem die Burg „Alter Lichtenstein" einst über dem Tal thronte.

In Kleinengstingen befindet sich direkt an der Durchfahrtsstraße der Sauerbrunnen. Für dieses Wasser reisten einst die Menschen von weit her an. Heute ist die Kraft der Vulkansteinquelle fast in Vergessenheit geraten, besitzt aber nachweislich Trinkwasserqualität.

Wegbeschreibung

Das Greuthau erreicht man von Reutlingen auf der B312 in Richtung Engstingen. Vor Engstingen biegt man im Kreisverkehr auf die L230 Richtung Lichtenstein–Sonnenbühl ab. Gleich am ersten Parkplatz auf der rechten Seite parken und die kleinen Treppen auf den Schotterweg hinuntergehen. Nun rechts halten und oben beim „Lindenplatz" über die Brücke. Nun immer auf diesem Weg bleiben.

Wege durchs Greuthau

Silberbäume auf dem Won –
Ein Ort der Ruhe

Grenzsteingeschichten und natürliche Parklandschaft

Den Won entdeckte ich eher zufällig. Eigentlich war ich auf der Suche nach dem außergewöhnlichen Stein mit einem eingemeißelten Rad- oder Sonnensymbol, der nicht weit von der Landesstraße in einem Wald steht. Nach einigen Metern durch jungen Sturmwald fand ich den „Grenzstein" an einer Weggabelung. Unten relativ breit, läuft er nach oben hin schmal zu. Für einen ortsüblichen „Grenzstein" ist er eigentlich zu hoch und im oberen Teil ist ein Radsymbol einhauen worden. Die Form deutet darauf hin, dass dieser Stein einst ein Kreuz gewesen sein könnte. Im Kopf ist eine tiefe Kuhle herausgearbeitet. Befand sich darin geweihtes Wasser?

Die Wirkung des Steines und seine Geschichte haben sich mir bis heute nicht erschlossen. Er hat etwas Faszinierendes, Geheimnisvolles. Das gemeißelte Rad galt früher in Kirchen als Symbol für die Vergänglichkeit des Glücks. Es wurde zur Ermahnung der Gläubigen in den Stein gehauen und befand sich oft im Eingangsbereich der Kirche. Bei meinem ersten Besuch suchte ich in der Umgebung des Steines nach weiteren Hinweisen auf seine Herkunft oder nach ähnlichen Steinen, die vielleicht aus der gleichen Gegend oder dem gleichen Gebäude stammten. Aber das Gestein kann nicht von der Alb stammen, es handelt sich um Sandstein und ist vielleicht aus dem Schönbuch oder aus dem Schwarzwald. Bei meiner Suche erreiche ich nach wenigen Metern eine große Wiesenfläche, die an allen Seiten vom Wald eingefasst ist. Auf der Karte wird dieses Gebiet mit dem sonderbaren Namen „Won" bezeichnet.

Für mich hat dieser Namen etwas Fernöstliches oder auch Germanisches. Der Ursprung ist aber ein ganz anderer. Er ist aus den Begriffen „sonnig" und „Waldweide" entstanden. Über die Wiesenfläche verteilt stehen einzelne Weidbäume und alte Obstbäume. Unter vielen Baumstämmen liegen verwitterte Steinhaufen. Sie erzählen von einer Zeit, als der Won noch als Ackerland genutzt wurde. Einst herrschte hier reges Treiben: Weidetiere mit ihren Hirten, Bauern bei der Ernte, Fuhrwerke, die über halsbrecherisch steile Steigen Heu, Kartoffeln und Getreidegarben ins Tal führten.

Heute ist der Won ein Ort der Ruhe, Abgeschiedenheit und Meditation. Diese Landschaft hat nichts Spektakuläres und buhlt nicht um meine Aufmerksamkeit. Sie bezaubert mich sanft, nimmt mich auf und

Lesesteine unter alten Obstbäumen

führt mich zu einer verwitterten Bank unter einem alten Apfelbaum. Mein Blick wandert durch eine parkähnliche Landschaft. Die Blätter einzelner Mehlbeerbäume glitzern silbern im Wind. Für ein paar Augenblicke loslassen und den Kopf frei machen. So bekommt der Stein am „Eingang" zum Won noch eine weitere Bedeutung. Er erinnert uns, diese Landschaft bewusst zu betreten und zu erleben.

Die Vertiefung im Kopf des Grenzsteins

In der Umgebung

Der Won ist Teil einer Wandertour mit dem Titel „Meeresriffe und Nebelgeister am Schönberg" aus der Broschürensammlung „Expedition Schwäbische Alb – HW5". Entlang diesem Weg erwarten Sie eine Vielzahl besonderer Naturerfahrungen und Sehenswürdigkeiten. Die Wanderung führt zum Schönbergturm mit seiner einzigartigen Architektur, zur Nebelhöhle mit bizarren Tropfsteinen und zum Wackerstein, der in diesem Buch im nächsten Kapitel beschrieben wird. Auch die Wanne, unterhalb des Schönbergturms, ist für viele Menschen ein besonderer Kraftort.

Wegbeschreibung

Zum Won kommt man von Reutlingen über Pfullingen und fährt dann die Stuhlsteige auf der L382 hinauf. Oben an der Steige, auf der rechten Seite, ist der Wanderparkplatz Ruoffseck. Hier parken und die Straße überqueren. An der Wandertafel der Expedition Schwäbische Alb, auf dem Weg mit Wz „blaues Dreieck" in den Wald hineingehen. Nach dem Sonnenstein kommt auf der rechten Seite, nach ca. 700 m, der Won.

Der Grenzstein vor dem Zugang zum Won

Ein einsamer Felsen –
Auf dem Wackerstein

Wege auf einem schmalen Grat

Bereits der Zugang zum Wackerstein ist ungewöhnlich. Ein sehr schmaler Felsgrat, der erst im 19. Jahrhundert wieder begehbar gemacht wurde, führt zu einer zerklüfteten Felsstufe. Wenn diese überwunden ist, wandert man ein Stück auf dem Felsplateau zum Aussichtsfelsen hin. Am Wegrand wachsen Krüppeleichen, die dem kargen, steinigen Boden ausreichend Halt und Nährstoffe abgewinnen können. Wie hart das Überleben auf dem Felsen ist, zeigt ihre teils spärliche und weit verzweigte Wuchsform. Ein Phänomen, das uns auch an der Felskante des Wackersteins begegnet. Außer der verwachsenen Traubeneiche sieht man hier eine ganze Reihe verschiedener Büsche und Sträucher. Wie zum Beispiel die Felsenbirne, die rotblättrige Rose und die Zwergmispel. Etwas tiefer auf dem Felsboden und an den Rändern des Aussichtsfelsens finden sich die Reste einer sehr sensiblen, alpinen Pflanzenwelt. Der Traubensteinbrech, das Hasenohr-Habichtskraut und der weiße Mauerpfeffer sind an manchen Stellen noch sichtbar.

Ausgrabungsfunde unterhalb des Felskopfes gaben Anhaltspunkte, dass dieses schwer zugängliche Plateau als besonders gut geschützter Siedlungsplatz genutzt wurde. Der Wackerstein ist fühlbar ein heiliger

Platz, der einst für Opfer und Gebete genutzt wurde. Noch heute ist die Erde für alle Naturvölker ein fühlendes und bewusstes Lebewesen. Jeder Fels, jedes Tier, jede Pflanze besitzt einen Geist. Manche Orte haben zusätzlich einen eigenen Geist, der dem Platz eine außergewöhnliche Anziehungskraft gibt. Oft sind solche Orte an besonderen Steinformen, Wuchsformen von Bäumen, Wasserläufen oder durch ihre besondere Himmelsnähe erkennbar. Wir zivilisierten Menschen haben jedoch diese Art zu sehen und zu fühlen meist vergessen und verkriechen uns mehr und mehr in die illusorische Sicherheit einer sachlich-objektiven Denkwelt. Am Wackerstein (von Wacke, der Bezeichnung für verwitterten Stein, insbesondere Basalt), erlebte ich bei meinen Besuchen immer wieder eine intensive Stille, die mich zu meiner Mitte führte. Die Stille und die Weite haben etwas Befreiendes für mich.

> *Ich bin das Land.*
> *Meine Augen sind der Himmel.*
> *Meine Glieder sind die Bäume.*
> *Ich bin der Fels, die Wassertiefe.*
> *Ich bin nicht hier,*
> *um die Natur zu beherrschen*
> *oder sie zu nutzen.*
> *Ich bin selbst Natur . . .*
>   Indianische Weisheit

Blick vom Wackerstein auf die Wanne unterhalb des Schönbergs

Vor ein paar Jahrzehnten soll sich am Wackerstein eine Felshütte befunden haben, die einem indianischen Pueblo glich und in die Felswand gebaut sowie nur über Seile und Leitern erreichbar war. Heute sind solche Bauwerke und das Klettern am Wackerstein verboten. Der Fels und seine Pflanzenbewohner müssen sich erholen und brüchiges Kalkgestein muss vor weiterer Zerstörung durch Menschenhand geschützt werden.

In der Umgebung

Vom Wackerstein ist es nicht weit auf den Won, einem Kraftort, der auf Seite 46 beschrieben wird. Wer hinab zu den Nebelgeistern steigen möchte, kann die nahe gelegene Nebelhöhle besuchen. Eine große, sehr spannende Wandertour rund um den Schönberg – mit dem Wackerstein, dem Won, der Nebelhöhle, einem „Hinteres Sättele" genannten geheimnisvollen Ort, an dem drei imposante Eichen stehen, die einst weithin sichtbar waren – wird in der „Expedition Schwäbische Alb entlang des HW5" beschrieben.

Wegbeschreibung

Zum Wackerstein kommt man von Reutlingen über Pfullingen und fährt dann die Stuhlsteige auf der L382 hinauf. Oben an der Steige ist der Wanderparkplatz Ruoffseck. Hier parken, die Straße überqueren und an der Wandertafel der Expedition Schwäbische Alb, auf dem Weg mit Wz „blaues Dreieck" in den Wald hineingehen. Man muss sich leicht links halten, über den Grat gehen und nach ca. 1,5 km ist man oben auf dem Wackerstein angekommen.

Das Gipfelkreuz auf dem Wackerstein

Eine verlassene Hochfläche –
Am Rande des Buobergs

Wege der Erinnerung

Den Buoberg und das Naturschutzgebiet Einwinkel habe ich bei der Suche nach den Wallanlagen auf dem Rossfeld entdeckt. Ein Heimatforscher hat mir den Tipp gegeben, dass im Wald einst ein Wall die Hochfläche des Buobergs sicherte. Diese Anlage wollte ich mir genauer ansehen. Ich parkte deshalb nicht direkt unterhalb des Rossbergs, sondern auf dem Parkplatz an der alten Steige nach Gönningen, bevor der Zufahrtsweg einen Bogen zum Rossberg macht.

Bei der Beschreibung besonders sensibler und geschützter Orte besteht immer ein Gewissenskonflikt. Ist es richtig, auf bezaubernde Orchideen, besonders schöne und artenreiche Blumenwiesen oder auf weitgehend unberührte Naturplätze aufmerksam zu machen? Besteht nicht die Gefahr, dass der Mensch dann auch diese letzten Rückzugsmöglichkeiten für seltene Pflanzen und Tiere achtlos zerstört?

Ich glaube jedoch, dass Menschen, die nach Ruhe, innerer Einkehr und nach Kraftquellen suchen, ein Verständnis für die sensible und einzigartige Natur auf der Schwäbischen Alb und im Albvorland haben. Genauso wie wir selbst, benötigt auch die Natur Ruhe und Erholung, um den Menschen „auszuhalten".

Auf einem breiten Wiesenweg wandere ich eine leichte Anhöhe hinauf zu einer mächtigen Buche. Der Wiesenweg führt mich weiter bis zu einer Öffnung im Wald. Gut sichtbar verläuft an dieser Stelle ein bis zu zwei Meter hoher Erdwall, der hier durch einen Waldweg durchbrochen ist. Die Erbauer dieser Festungsanlage haben die besondere Beschaffenheit des Ausliegerberges genutzt. Der Buoberg fällt nach drei Seiten steil ab, und nur an dieser Seite der Wallanlagen ist er mit der Hochfläche verbunden. So konnte mit relativ wenig Aufwand ein gut geschütztes und leicht zu verteidigendes Areal geschaffen werden.

Vom ersten Augenblick an war ich fasziniert von der einzigartigen Atmosphäre und Ausstrahlung dieses Ortes. Ich hatte damals das Gefühl, eine andere Welt zu betreten. Als ich mir für dieses Buch „meine" Kraftorte zusammenstellte, erinnerte ich mich auch wieder an den Buoberg, den ich schon längere Zeit nicht mehr besucht hatte. An einem schönen Sommernachmittag machte ich mich dann auf den Weg, um zu fühlen und nachzusehen, ob dieser Ort seine Wirkung erhalten konnte.

Und wieder geht es mir nach dem kurzen Walddurchgang wie bei meinem ersten Besuch: Ich betrete eine andere Welt, in der die Zeit irgendwann stehen geblieben ist. Die Ruhe dieses Ortes ist fast physisch fühlbar. Ein betörender Duft von Quendel und Dost liegt in der Luft. Ich folge dem Wiesenweg über das Plateau, vorbei an jahrhun-

Baumspuren

dertealten Baumlebewesen. In ihnen leben die Geschichten des Buobergs. Die Kraftquelle dieses Ortes ist die besondere Landschaft. Die
Fülle der Sinneseindrücke verdrängt Sorgen und Anspannung. Gebannt
lausche ich dem vielstimmigen Konzert der Grillen und Bienen, beob-
achte die riesigen Sprünge der Grashüpfer und fühle die Leichtigkeit
der Schmetterlinge, die ihren Blütentanz aufführen. Das warme Licht
des Spätnachmittags hüllt die Szenerie in ein warmes Gelb, das mit
den erdigen Farben der Alblandschaft perfekt harmoniert. Ich ver-
gesse die Zeit, und erst die Abenddämmerung erinnert mich an den
Nachhauseweg.

An der großen Buche auf der Anhöhe setze ich mich noch einen Moment hin, um Abschied vom Buoberg und Rossfeld zu nehmen. Der
Rossberg vor mir bietet einen majestätischen Anblick. Wie eine „Halb-
kugel" ragt er aus der Hochfläche. Beim nächsten Besuch möchte ich
auf den Gipfel hinaufsteigen und den Ausblick ins Vorland und über die
Kuppenalb genießen.

In der Umgebung
Auf dem Rossberg befindet sich ein Denkmal für den „Vater der Alb-
geologie", Professor Friedrich August Quenstedt. Ihm sind umfang-
reiche Erkenntnisse über die Vielzahl der Jurafossilien, die Gliederung
der Juraschichten und das Verständnis für die unvorstellbar langen
Zeiträume der Erdgeschichte zu verdanken. Vom Rossberg haben wir
einen faszinierenden Ausblick in das Albvorland und die einzigartige
Schichtstufenlandschaft der Alb.

Wegbeschreibung
Wir fahren von Reutlingen auf der L383 nach Gönningen (Ortsmitte)
oder weiter nach Genkingen/Sonnenbühl. Beide Male führt ein ausge-
schilderter Weg bis zur Hochfläche am Fuße des Rossberges. Hier muss
man am Parkplatz oberhalb der alten Steige parken. Auf der einen
Seite sehen wir den Rossberg mit seinem markanten Turm. Wir wenden
uns in die andere Richtung und wandern auf einem leicht ansteigenden
Wiesenweg in Richtung Waldrand. Nach ein paar hundert Metern erreichen wir eine alte verwitterte Holztafel mit einer Beschreibung der
Festungsanlagen am Buoberg. Zwischen den Erdwällen durchqueren
wir den Wald und erreichen nach ein paar Schritten den Buoberg.

Bank im Einwinkel vor dem Buoberg

Im Antlitz des schlafenden Riesen –
Kraftwege am Kalkstein

Steinwesen und Erdgeister

Den Berg „Kalkstein" und seine einzigartige Umgebung lernte ich bei den Arbeiten zum Klimaweg Sonnenalb kennen. Bei meiner ersten Begehung des Klimaweges sah ich den Kalkstein nur von unten, spürte aber bereits bei dieser Begegnung seine außergewöhnliche Anziehungskraft. Der Weg um den Kalkstein führt über einen Rundweg von 9 km am schlafenden Riesen vorbei, weiter zum Kältepol der Alb, dann durch den Frauenwald zu den Dolinen im Weidenwang und zurück zum Berg. Es ist ein Weg, der an vielen Stellen Kraft geben kann. Seltsame Wuchsformen von Bäumen, der Wechsel von Licht und Dunkelheit, der intensive Waldgeruch und der Duft von Blumenwiesen, die Landschaft sprechen alle Sinne an.

Ein seltsamer Kontrast ist das Treiben auf dem Golfplatz, an dem der Weg auf weiten Strecken entlangführt. Aber vielleicht verstehe ich den tieferen Sinn und den Geist dieser Sportart nicht ausreichend, um beurteilen zu können, welche Freude das Einschlagen auf einen kleinen Ball machen kann. Für mich ist die Szenerie entlang dem Weg nicht störend und manchmal ertappe ich mich, wie ich innehalte und den ernsten, konzentrierten Abschlagbewegungen der Golfspieler und Golfspielerinnen zusehe.

Noch bevor man die Doline Weidenwang erreicht, sieht man einen auffallend gewachsenen Baum und einen alten Grenzstein, der in einem
Grenzgraben steht. Dieser Platz, direkt am Wegrand gelegen, hat für
mich eine besondere Qualität. Es ist das Bild einer Grenze, die einst
zwei Gemarkungen trennte, und als Gegensatz der Baum, dessen ge-
trennte Stämme, weit von der Wurzel entfernt, wieder zusammenge-
wachsen sind.

Vom Grenzstein aus geht es noch ein Stück durch den Wald, bis man
die „Wanne" vom Weg aus überblickt. Durch den letzten Sturm wurde aus der einst bewaldeten Senke eine weitgehend freie Fläche, die
von Waldhängen begrenzt ist. Einzig ein paar mächtige Tannen, die zu
den ältesten Bäumen des Waldgebietes zählen, haben der Macht des
Windes getrotzt und zeigen ihre Größe, ohne den umgebenden Wald,
eindrucksvoller als jemals zuvor. Wenn ich in die Wanne hinuntergehe,
habe ich stets das Gefühl, eine Grenze zu überschreiten. Von der In-
fotafel des Klimawegs folgt man der Beschilderung zu den Dolinen im
Weidenwang. Um die eindrucksvollen Erdlöcher wächst ganz weiches
Moos und Gras.

Am frühen Morgen glitzern unzählige Tautropfen auf dem grünen Teppich wie Perlen in der Morgensonne. Überall gibt es was zu entdecken.
Ich bewege mich ruhig und vorsichtig, damit ich niemanden störe, und

In der „Wanne"

Die Doline im Weidenwang

in mir entsteht das Gefühl dazuzugehören. Der weiche Boden nimmt jede Bewegung leise auf. Dolinen sind heilige Plätze, die in vielen Sagen und Geschichten als Wohnstätte von Moosweiblein, Waldgeistern, Feen und Zwergen beschrieben werden. Die Menschen glaubten einst, dass die gewaltigen Erdlöcher durch Blitzeinschläge entstanden sind und das Wasser darin verschwindet. Die Blitze wurden als Werk Donars verstanden. Sie glaubten, dass die Flugbahn seines Hammers als Blitz zu sehen war und das Donnern durch seinen Wagen verursacht wurde, mit dem er, gezogen von zwei Ziegenböcken, am Himmel dahinfuhr. Mit seinem Hammer segnete er aber auch die Ehe, weihte den Leichnam auf dem Holzstoß, bekräftigte die Rechtsverträge. Noch heute erinnert der Ausdruck „unter den Hammer kommen" an diesen Götterglauben, noch heute wird der Hammer bei Versteigerungen verwendet und drei Hammerschläge deuten bei der Grundsteinlegung an, dass hier für alle sichtbar etwas Neues entsteht.

Die Wissenschaft lehrt uns, dass Dolinen nicht durch Götterhand, sondern durch Verkarstungsprozesse und die Kraft des unterirdischen Wassers entstehen. Doch alleine über den Verstand lässt sich das Fluidum dieses Platzes nicht erklären. An manchen Tagen hat man das Gefühl, jeden Moment krabbeln die kleinen Moosweiblein oder andere

Der Baum am Grenzstein vor dem Weidenwang

Weiches Gras an den Dolinen

Erdgeister aus dem Loch, um sich auf den Weg zu den Menschen zu machen. Aus vielen Gegenden ist überliefert, dass Waldarbeiter früher drei Kreuze in ihre „Ruhebäume" schnitzten, um unbehelligt essen und schlafen zu können. Ich komme an diesen Platz, weil ich hier die Erdkräfte besonders intensiv spüre und die Zeit stehen bleibt. Solange ich hier sitze, bleibt alles andere am Rand der Wanne zurück. Die Kraft der Sonnenstrahlen und die eigentümliche Stille wecken neue, sanfte Lebensgeister in mir. Von hier gehe ich nicht überschwänglich, sondern deutlich ruhiger und ausgeglichener.

Der Rückweg entlang der Beschilderung des Klimaweges führt an der Laileshütte vorbei. Ein zauberhafter Ort mit Seerosen und Schilf, mitten auf der sonst so trockenen Alb. Auch wenn der Mensch dieses Biotop mehr oder weniger künstlich angelegt hat, gewinnt man den Eindruck, ein besonders schönes Stück Natur entdeckt zu haben. Gerne stehe ich am Rand des Tümpels und betrachte die beschauliche Szenerie. Zurück am Wanderparkplatz, schaue ich oft noch mal auf den Berg hinauf, zum schlafenden Riesen. Sehen kann man das Gesicht des Riesen nämlich nur von unten. Oben auf dem Gipfel des Kalksteins steht ein gewaltiger gespaltener Felsen. Wind und Wetter haben ihm zugesetzt, und doch wird er hier noch viele tausend Jahre ausharren. Vom Gipfel aus sehe ich noch einmal zurück auf die Strecken, die ich gegangen bin, und entdecke viele neue Wege, die ich noch gehen möchte. In der Wanne war es das Gefühl der Unendlichkeit, auf dem Kalkstein ist es der herrliche Eindruck von Freiheit und Weite. Ein ganz anderes, aber ebenso schönes Erlebnis auf diesem Berg ist die Pflanzenwelt: Deutscher Enzian, Kartäusernelke, Silberdistel und viele Wiesenblumen kann man vom Weg aus betrachten. Die Moose und Flechten auf den Felsen leuchten in den unterschiedlichsten Farben und zeigen das Alter des Steines.

In der Umgebung
Im Rinnental, dem Kältepol der Alb, befinden sich die Klimastation des Engstinger Wetterfrosches Roland Hummel und die Station des bundesweit bekannten Wettervorhersagers Kachelmann, der zwar keinen Regen machen kann, aber mit großem Engagement vor Unwettern und Nachtfrösten warnt. Auf der Alb verlassen sich viele auf den einheimischen Wettermann Hummel, denn der ist täglich an der Wetterstation und weiß dann genau, ob es regnet oder die Sonne scheint. Mindestens

Farn-Lichtspiel

genauso viel Wissen wie Humor beweist Roland Hummel bei seinen Klimaführungen und Wetterexkursionen. Man sollte sich nur rechtzeitig bei ihm anmelden, damit er nicht gerade „vom Winde verweht" ist. Übrigens, auch wenn sich hier der Kältepol befindet, sollte man unter der Jacke auch ein T-Shirt tragen, denn mitunter wird es sehr warm auf der Alb. Warum das so ist, schildert ebenfalls Herr Hummel oder erklären die Infotafeln auf dem Klimaweg.

Wegbeschreibung

Von Reutlingen kann man über Pfullingen auf der L382 nach Sonnenbühl-Genkingen und weiter bis Undingen fahren. In Undingen unten am Berg nach links abbiegen und auf der L382 bleiben. Am Ortsende bei der Sägerei nach links abbiegen und der Beschilderung Golfplatz/Klimaweg folgen. Von hier sind es nur noch 2 km bis zum Wanderparkplatz am Kalkstein und der Starttafel des Klimawegs.

Deutscher Enzian

Der Kalkstein

Auf dem Riedernberg –
Mystischer Ort und Aussichtspunkt

Heidenburg und Tafelberge

Auf meinen Wanderungen habe ich viele Albberge bestiegen und immer wieder erlebt, wie manche Berge kaum etwas in mir bewegen, egal wie anstrengend der Aufstieg oder wie spektakulär der Ausblick war. Andere Berge hingegen beeindruckten mich tief und ziehen mich immer wieder an. Besonders eindrücklich erlebte ich die unterschiedliche Wirkung von Bergen bei einer Wanderung vom Bolberg zum Riedernberg bei Willmandingen. Auf den Bolberg, der weithin bekannt ist, war ich sehr gespannt.

Eine Grillhütte lockt vor allem an den Wochenenden viele Menschen auf den Berg und der Ausblick vom Gipfelplateau ins Albvorland ist atemberaubend. Seltsamerweise lässt mich dieser Berg gleichgültig, und so mache ich mich weiter auf den Weg hinüber zum Riedernberg. Auf dem Weg dorthin liegt das „Buchbrünnele". Ein Platz, der eher selten von Menschen besucht wird. Für mich ist es durchaus auch ein Kraftort, zu dem ich aber noch keine intensivere Verbindung bekommen habe. Nach dem Brünnele zweigt bald ein steiler Pfad vom Hauptweg ab und führt unterhalb einer Felswand, von Einheimischen auch „Dolomiten" genannt, hinauf zum Riedernberg. Oben angekommen, erreiche ich eine kleine Schutzhütte und einen gigantischen Aussichtspunkt. Hier

oben befand sich einst die Heidenburg, eine Wallanlage und Schutz-
burg der Kelten. Der Ausblick vom Riedernberg ist nur schwer in Worte
zu fassen. Als ich das erste Mal dort oben stand, erinnerte mich die
Landschaft, die ich sah, an australische Tafelberge. Bereits am Bolberg ist dieses Landschaftsbild zu sehen, aber erst am Riedernberg ist
für mich ein Kraftort, der mich diese Urlandschaft erleben und fühlen
lässt. Die Tafelberge des Albtraufs sind für mich immer wieder ein sehr
mystischer, bezaubernder Anblick.

Der Gipfel des Riedernbergs ist kein einsamer, spitzer Felsen, sondern
ein großes Hochplateau, das an allen Seiten mehr oder weniger steil
abfällt. Die Heidenburg erstreckte sich fast über das gesamte Plateau
und war mit Wall, Holzpalisaden und Gräben geschützt. Mit etwas ge-
übtem Auge kann man die Reste dieser Anlagen noch gut erkennen.
Im Herbst zeigen sich auf dem Riedernberg bizarre Baumgestalten. An
hochgewachsenen Stämmen recken die Bäume ihre weit verzweigten
Äste in den Himmel, Wolken jagen über den Bergrücken, eine gespens-
tische Szenerie.

Die Spuren der Kelten, die eigentümliche Atmosphäre auf dem Plateau und die Wege über den Riedernberg sind für mich unerschöpfliche
Kraftorte und Kraftwege, die mich oft inspirieren und „entschleunigen". Auf diesem Berg herrscht eine seltsame Zeitlosigkeit, die ich
manchmal als sehr wohltuend empfinde.

Der Platz auf dem Riedernberg

Der Weg zurück führt am Ruchberg vorbei. Ein angenehmes Phänomen erlebt man an sonnigen Tagen oberhalb des Ruchbergs beim Abstieg vom Riedernberg. Hier ist es deutlich spürbar ein paar Grad wärmer als auf dem Berg und im Tal. Einzelne alte Obstbäume im Wald sind die Reste der Streuobstwiesen, die einst die Hänge des ganzen Tals überzogen haben.

In der Umgebung

Oberhalb des Steinbruchs, der sich vor dem Bolberg in die Alb frisst, befinden sich ausgedehnte ehemalige Bohnerzgruben. Noch heute findet man dort die Albnuggets, kleine Eisenerzkugeln, die hier früher abgebaut und in das Albvorland in Schmelzereien verkauft wurden. Unzählige Geschichten und Anekdoten ranken sich um den Bohnerzhandel. Im Jahr 1823 wird erwähnt, dass bei Willmandingen noch 5.000 Kübel Eisenerz abgebaut wurden.

Eine sehr schöne Wandertour ist in der „Expedition Schwäbische Alb entlang des HW1" beschrieben. Sie führt von den Bohnerzgruben über den Bolberg, Riedernberg und Ruchberg, durch Willmandingen und wieder zurück zum Ausgangspunkt, einem Wanderparkplatz oberhalb von Willmandingen.

Wegbeschreibung

Von Reutlingen kann man über Pfullingen auf der L382 nach Sonnenbühl-Genkingen, -Undingen und -Wilmandingen fahren. In der Ortsmitte, gleich nach der Kirche nach rechts abbiegen und zu den Sportplätzen rauf fahren, dort oben ist der Wanderparkplatz Bolberg. Hier steht auch eine Tafel der Expedition Schwäbische Alb, auf der man sich den Weg zum Riedernberg aussuchen kann. Entweder auf direktem Weg oder aber über den Bolberg bis zum Riedernberg.

Bäume auf der Keltenburg

Die Salmendinger Kapelle –
Die Kraft des Glaubens

Der heilige Berg Kornbühl

Kommt, wir ziehen hinauf zum Berg des Herrn ..." (Jes. 2,3).

Der Ort, an dem die Salmendinger Kapelle steht, ist ein heiliger, ein
tief spiritueller, religiöser Ort. Weithin sichtbar steht die weiße Kapelle inmitten einer faszinierenden Landschaft. Um sie herum, am Fuß
der Berges, liegt ein Teppich aus Äckern und Wiesen, durchbrochen
von Heckenstreifen und Wegen. Hinauf führt ein Kreuzweg mit 14 Stationen und 3 Kreuzen, die den Kalvarienberg, den Berg Golgatha, sym-
bolisieren. Über die Hänge des Kornbühls ziehen sich Wiesenflächen
mit Wacholderbüschen, einzeln stehenden Weidbäumen und Schlehen-
hecken.

Lange Zeit war die Salmendinger Kapelle ein beliebter Wallfahrtsort.
Seit der ersten Erwähnung um 1500 lebten lange Zeit Einsiedler auf
dem Berg und betreuten die Kapelle. An der Stelle, an der einst ihre
Eremitenklause stand, wächst nun ein prächtiger Kirschbaum, der von
Hecken umgeben ist. Die Kapelle wurde der heiligen Anna gewidmet.
Seit dem 6. Jahrhundert wird Anna als die Mutter Marias, also als
„Großmutter" Jesu Christi, verehrt. Sie ist die Schutzpatronin gegen
Gewitter und soll die „Lieblingsheilige" von Martin Luther gewesen
sein, der auf seiner Wanderung bei Stotternheim um ihren Schutz bat.

Der Namenstag der heiligen Anna ist am 26. Juli und an diesem Tag findet jährlich ein großer Gottesdienst am Kornbühl statt.

Viele Menschen, die aus unterschiedlichsten Gründen kommen, werden fast magisch von der Salmendinger Kapelle angezogen. Es sind ihr Glaube und der Kreuzweg, es sind aber auch die wunderbare Stille und der Frieden an diesem Ort zu nennen. Es ist die Nähe zum Himmel, die einem auf dem Kornbühl besonders bewusst wird. Für mich bedeutet der Kornbühl auch ein Stück innerer Freiheit, die ich auf dem Berg spüre. Der weite Blick, der Geist dieses Ortes, die Schönheit der Landschaft beflügeln mich. Lange bevor an diesem Platz eine Kapelle stand, war dies ein Platz der Schamanen und Geistheiler. Von hier begaben sie sich auf spirituelle Reisen nach Utgard in die Welt der Riesen und Trolle sowie nach Asgard in die Welt ihrer Götter.

Die tiefe Religiosität dieses Ortes ist aus dem Geist dieses Ortes gewachsen. Sie berührt fast alle Menschen, die diesen Platz besuchen, da sie nichts Künstliches, vom Menschen Geschaffenes ist. Unabhängig vom Glauben oder der Konfession spricht etwas auf dem Kornbühl die Menschen an. Sie werden still und wirken fast in sich gekehrt. Vielleicht ist es die Ehrfurcht, die einen beim Betreten einer Kirche die Stimme senken lässt, vielleicht ist es aber auch der Geist dieses

Kreuzweg zur Salmendinger Kapelle

Ortes, der einen an der Seele berührt. Mindestens einmal im Jahr muss ich diesen Platz besuchen und fühlen. Es ist immer eine Rückkehr und doch nie verbunden mit dem gleichen Gefühl oder denselben Gedanken. Die Kraft dieses Berges ist eine Quelle, die sich immer wieder erneuert.

In der Umgebung
Ein besonderer, wenn auch gänzlich anderer Kraftort ist ganz in der Nähe zu finden. Das Theater Lindenhof in Melchingen spielt mit der Urkraft der schwäbischen Seele Theater auf höchstem Niveau. Jede Vorstellung der Schauspieltruppe ist eine Quelle der Kraft für Kulturliebhaber, Gefühlsmenschen und gefühlte Geistesmenschen. Mal derb, mal filigran, aber immer mit einer ganz eigenen Sprache werden an diesem Ort das Leben, die Seele und manchmal auch die Abgründe derselbigen trefflich skizziert.

Wegbeschreibung
Von Reutlingen kann man über Gomaringen und Talheim oder über Pfullingen auf der L382 nach Sonnenbühl-Genkingen, -Undingen, -Willmandingen nach Melchingen gelangen. Dort geht es weiter bis Salmendingen. Durch den Ort durchfahren und auf der anderen Seite den Berg hinauf. Von hier oben kann man schon die Kapelle auf der rechten Seite sehen. Am Fuße des Berges ist ein Wanderparkplatz.

Fetthenne (li) und Schafgarbe (re) an der Salmendinger Kapelle

Sonnenuntergang bei der Salmendinger Kapelle »

Ruine Hohenstein –
Geschichte und Kultur begegnen sich

Als die Natur eine Burg eroberte . . .

Nicht weit von den Albbüffeln der Hohensteiner Hofkäserei entfernt, in Richtung Oberstetten, liegt im Wald verborgen die Ruine Hohenstein. Für mich entdeckt habe ich diesen Kraftort bereits vor vielen Jahren, als ich mit meiner Familie eine gute Zeit lang in Ödenwaldstetten gestrandet war. „Waldstetten" wie die Einheimischen sagen, ist ein liebenswerter Ort im Herzen der Alb, mit allem, was zu einem Albdorf gehört. Auch wenn der richtige Ortsname mit dem Wortteil „Öden-" etwas anderes vermuten lässt, in diesem Dorf ist es weder öde noch trist. Kunst, Kultur und ein guter Geist haben dort eine Heimat gefunden.

In meiner „Waldstetter Zeit" habe ich besonders die ausgedehnten Spaziergänge in die nähere Umgebung des Dorfes genossen. So kam ich irgendwann zur Ruine Hohenstein. Die Umfassungsmauer der ehemaligen Burg ist fast vollständig erhalten. In den Innenraum gelangt man durch einen Mauerdurchlass, welcher mit Schranken vor „Zufahrten" geschützt wird. Vom ersten Besuch an war ich vom Anblick des Burginnern vollkommen verzaubert. Hier habe ich eine andere Welt betreten. Die Reste des Turmes dienen heute als Aussichtsplattform, von der aus man einen weiten Blick ins Land hat. Die Natur hat sich längst ihren Teil des Burggeländes zurückerobert. Der Boden des Burghofes ist mit weichem Gras bedeckt und vereinzelte Bäume haben im harten Boden innerhalb der Mauern Wurzeln geschlagen. Um die Mauern herum ragen Baumriesen in den Himmel.

Vor meinem inneren Auge feiern Minnesänger, tapfere Ritter, edle Burgfräulein und Hofnarren Wiederauferstehung. Die Ruine Hohenstein ist ein Ort der Träume, der Stille und des Friedens. Die Burganlage hat alle Wehrhaftigkeit und Bedrohlichkeit verloren und vermittelt ein Gefühl von Geborgenheit und Schutz. Am liebsten sitze ich im Innenraum in der Wiese an eine Mauer oder einen Baum gelehnt und höre in diesem geschützten „Raum" in mich hinein. Unter mir spüre ich den festen Boden und mein Rücken hat eine Verbindung zu einem starken Baum oder zu den uralten Steinmauern. In diesen Momenten kann ich loslassen, Altes sortieren und bekomme wieder Platz für neue Kraft. Die Ruhe an diesem Ort geht auf mich über, und wenn ich wieder gehe, nehme ich ein wenig davon mit. Spannend ist es, den Kindern zuzusehen und sie dabei zu beobachten, wie sie diesen Platz ausfüllen und sich völlig im Spiel vergessen. Ich bemerke, dass sie hier ebenfalls auftanken können, ohne es selber wahrzunehmen. Es gibt auch eine Mutprobe für sie: die alten Höhlen unterhalb der Ruine. Eine ganz andere, auf ihre Art auch kraftvolle, magische Atmosphäre bekommt der

Sitzbänke und Grillstelle im Burghof

Ort bei den regelmäßigen Kulturveranstaltungen, die hier im Sommer stattfinden. Dann herrscht eine sehr inspirierte, friedliche und offene Stimmung in der Ruine.

An den Wochenenden kommen öfters Familien mit Kindern zum Grillen, Spielen und Toben hierher. Und auch dann, wenn die Stille bereitwillig dem Kinderlachen weicht, Rauchschwaden vom Grillfeuer aufsteigen und der Geruch von Bratwurst und Rückensteak sich ausbreitet, lebt dieser Platz mit und für die Menschen, die ihn besuchen. In der Burganlage findet sich immer ein stilles Plätzchen zum Durchatmen.

Nur wenn du dich selbst still werden lässt
und nach innen schaust, wirst du deine Vision
und deinen Pfad der Kraft finden.

Sun Bear

In der Umgebung

Seit einiger Zeit sind die Albbüffel auf die Alb zurückgekehrt und werden von vielen Menschen wegen der Ruhe und Gelassenheit, die diese Tiere ausstrahlen, besucht. Einige Albbüffel sind bei der Hohensteiner Hofkäserei zu Hause, der größere Teil der Herde lebt auf den Weiden von Willi Wolf, dem schwäbischen Cowboy. Wer die Büffel besuchen möchte, sollte auf dem Hof von Willi Wolf in Meidelstetten nachfragen, wo sich die Tiere gerade befinden. Übrigens liefern die Albbüffel auch sehr schmackhaften Käse und Wurstspezialitäten.

Wegbeschreibung

Von Reutlingen fährt man auf der B312 bis nach Hohenstein-Oberstetten, nimmt hier die erste Abfahrt nach Oberstetten, bleibt auf der Hauptstraße, bis es nach links weggeht nach Ödenwaldstetten. Kurz hinter dem Ortsschild muss man nach links auf das geteerte Sträßchen abbiegen. Nun geht es für ca. 1 km leicht den Berg hinunter, bis eine kleine Kreuzung erreicht ist. Dem geteerten Weg nach rechts hoch folgen, bis gleich links ein Wiesenweg den Weg zur Ruine zeigt. Hier kann man parken.

Ein Platz fernab von Hektik und Lärm

Natur fühlen –
Das Naturschutzgebiet Hüttenstuhlburren

Kraftort für die ganze Familie

Der Hüttenstuhlburren zwischen Ödenwaldstetten und Eglingen wurde durch das Kindernaturschutzgebiet gleichen Namens weit über die Region hinaus bekannt. Und trotzdem ist hier wochentags meist nicht allzu viel Trubel.

Für mich ist das Naturschutzgebiet ein Kraftort, weil ich dort mit meinen Kindern gemeinsam Kraft schöpfen kann. Eintauchen in die Natur, den Duft der Kiefern und Wacholderbüsche riechen, die Geheimnisse der Waldes gemeinsam entdecken, springen, toben, laufen und dann zusammen unter einem Wacholderbusch ein Buch lesen oder eine Geschichte erzählen, das alles und noch viel mehr ist an diesem wohltuenden Platz möglich.

In der Natur erlebe ich immer wieder, wie Kinder zu sich finden, fast befreit wirken. Sie gehen ganz in der Bewegung, im Spiel auf und leben mit allen Sinnen. Wie oft schon habe ich die üblichen Sprüche gehört: „Keinen Bock", „Ich will nicht raus", „Mir tut mein Fuß weh", „Immer draußen rumlaufen". Wurde die Unlustphase durch Beharrlichkeit meinerseits überwunden, erlebte ich schon nach wenigen Minuten im Hüttenstuhlburren oder bei einer spannenden Wanderung die Begeisterung und Freude der Kinder.

Lasst ja die Kinder viel lachen,
sonst werden sie böse im Alter!
Kinder, die viel lachen,
kämpfen auf der Seite der Engel.
Hrabanus Maurus (783–856),
Universalgelehrter, Lehrer und Leiter
der Fuldaer Klosterschule

Während die Kinder auf Entdeckungstour sind, gönne ich mir für eine Weile Zeit für mich. Manchmal nehme ich mir ein Buch mit und schmökere auf einer der vielen Holzbänke oder einfach auf dem weichen Waldboden. Oft sitze ich aber auch nur da und lasse meine Seele baumeln, genieße den Waldduft in vollen Zügen und höre dem Treiben der Kinder zu. Besonders faszinierend finde ich am Hüttenstuhlburren die Erlebnisstationen, an denen Kinder und Erwachsene spielerisch und aktiv die Besonderheiten der Alb entdecken können. Im Naturschutzgebiet befinden sich auch Grillstellen, die zu einem gemütlichen Picknick einladen. So vergeht die Zeit wie im Fluge und wir kehren meist erst gegen Abend nach Hause zurück. Das Kindernaturschutzgebiet kann auch den Ausgangspunkt für eine Vielzahl von Wanderungen bilden.

Viele Möglichkeiten, sich selbst auszuprobieren

Sollten Ihre Kinder Sie übrigens fragen, woher das Kindernaturschutzgebiet seinen seltsamen Namen hat, kann ich Ihnen nur teilweise eine
Erklärung liefern. Als Hüttenstuhl wird der einbeinige Arbeitsstuhl
eines Steinmetzen bezeichnet. Ein Burren ist eine Erhebung, oft auch
ein keltischer Grabhügel. Wie der zusammengesetzte Begriff Hüttenstuhlburren entstanden ist, konnte ich nicht herausfinden. Aber vielleicht finden ja Sie vor Ort eine Antwort auf dieses Geheimnis.

In der Umgebung
Nur zwei Kilometer entfernt liegt das Naturschutzgebiet Eichholz, das
für seine Wildorchideen weithin bekannt ist. In Eglingen ist ein eindrucksvoller Kreuzweg, der auch in diesem Buch beschrieben wird. Wer
mit seinen Kindern weitere Abenteuer auf der Alb erleben möchte, der
sollte sich auf die AlbhofTour begeben. Mit dem Fahrrad oder zu Fuß
von Bauernhof zu Bauernhof ist das Motto der Themenradtour, die von
St. Johann bis Zwiefalten führt. Natursehenswürdigkeiten wechseln
sich auf dieser Tour mit ganz unterschiedlichen Bauernhöfen ab, die
einen Einblick in unsere heutige Landwirtschaft ermöglichen und zeigen, woher gesunde Lebensmittel kommen.

Wegbeschreibung
Von Reutlingen fährt man auf der L312 bis nach Hohenstein-Bern-
loch. Hier links abbiegen und auf der L248 über Ödenwaldstetten
in Richtung Eglingen weiterfahren. Ca. 1,5 km nach dem Ortsschild
Ödenwaldstetten kommt auf der linken Seite (gleich nach einer steilen
Anhöhe) das Naturschutzgebiet Hüttenstuhlburren.

Platz zum Grillen, Lesen oder für ein gutes Gespräch

Auf dem Krähenberg –
Ein besonderer Kreuzweg bei Eglingen

Die Kapelle auf dem Krähenberg

Viele Kraftorte der Alb habe ich erst durch Hinweise von Einheimischen kennen gelernt. So auch die Marienkapelle in Eglingen. Also habe ich mich auf den Weg gemacht, den Hinweis auf die Sehenswürdigkeit in der Region zu überprüfen. Der Kreuzweg zum Krähenberg ist weit über Eglingen hinaus bekannt, da er von Kindern gemeinsam mit Hansjörg Geiselhart vom Atelier Anton Geiselhart gestaltet wurde. 15 Eglinger Familien übernahmen eine Patenschaft für je eine Kreuzwegstation und verpflichteten sich, am Fuß der Kreuze Blumen zu pflanzen. Dieser Kreuzweg führt hinauf zum Krähenberg, wo die drei Kreuze des Kalvarienbergs und die Kapelle stehen. Jahre später, als ich überlegte, welche Kraftorte ich in meinem Buch beschreiben möchte, erinnerte ich mich wieder an den Krähenberg. Ich wollte ihn besuchen und nochmals entdecken. Eines Morgens war es dann so weit und ich freute mich bereits auf das Wiedersehen.

Der Kreuzweg auf den Berg hat etwas Klärendes und ordnet die Gedanken. Mich berühren besonders die Bildnisse der Stationen, die von den Kindern mit einer spürbaren Inbrunst und Natürlichkeit gemalt wurden. Im Bogen führt der Weg hinauf zum Kalvarienberg mit den drei Kreuzen, der an den Berg Golgatha erinnern soll, und nach ein paar Schritten stehe ich am Eingang der Marienkapelle. Wunderschön verwachsene alte Baumlebewesen stehen bei der Kapelle und breiten ihr Blätterdach zum Schutz über sie aus. Nicht weit entfernt steht ein großer Wacholder, der heilige Busch der Kelten und Germanen. Es ist ein bezaubernder Ort an der Kapelle. Der liebevoll gestaltete Innenraum verrät die Bedeutung dieser Kapelle für die Menschen, die täglich frische Blumen bringen. Es ist ein Ort des Gebets, hier ist der Himmel ein Stück näher. Um den Berg herum führt ein Trampelpfad. Immer wieder begegnen uns Baumlebewesen mit teils bizarren Wuchsformen. Es ist das starke Kraftfeld dieses Ortes, welches die Bäume formt und ihnen die Freiheit gibt, nach ihrem Wunsch in alle Richtungen zu wachsen.

Auch ich spüre hier die Freiheit der Gedanken, des Glaubens und meiner eigenen Spiritualität. Stille und Frieden prägen diesen Berg und wirken in mir nach. Es ist seltsam, immer wieder mache ich die Erfahrung, dass ich mich an manchen Orten sofort zu Hause und vertraut fühle. Am Krähenberg empfand ich dieses Gefühl bereits, als ich das erste Mal vor der Kapelle stand. Ich spürte, diesen Ort kenne ich. Egal, wie oft ich hierher komme, ich empfinde immer dasselbe.

Vielleicht war ich hier in einem früheren Leben, vielleicht ist es aber auch die Intensität dieses Ortes, die ihn für offene Menschen so vertraut macht.

Der Innenraum der Marienkapelle

In der Umgebung

Von Eglingen geht es hinunter ins Lautertal nach Wasserstetten und dann weiter nach Buttenhausen. In Wasserstetten zeigt eine Skulptur den alten Schafwäscheplatz in der Lauter an. Dort wurden früher die Schafe vor der Schur durch die Lauter getrieben und gesäubert. Damit die Schäfer und ihre Helfer dies halbwegs trockenen Fußes machen konnten, standen sie in Fässern mitten im Fluss. In Buttenhausen arbeitet der letzte Müller im Lautertal und oberhalb der Mühle steht die Domperle, ein Kuppelbau, der nach geomantischen Gesichtspunkten gebaut wurde und ebenfalls ein besonderer Kraftort ist.

Wegbeschreibung

Von Reutlingen fährt man auf der B312 bis nach Hohenstein-Bernloch. Hier links abbiegen und auf der L248 über Ödenwaldstetten nach Eglingen weiterfahren. In Eglingen die erste Straße rechts in den Silbertalweg abbiegen. Hier irgendwo parken und nach ein paar Metern kommt auf der rechten Seite der Kreuzweg.

Ausblick vom Krähenberg

Die Marienkapelle auf dem Krähenberg

Am Ursprung –
Die Lauterquelle im Klostergarten

An der Quelle

Schon seit Menschengedenken sind Quellen ein Ort der Kraft, des Lebens und der Reinigung. Oft wurden direkt an den Quelltöpfen große Kirchen und Klöster gebaut und noch viel früher vermutlich die ersten Kult- und Opferstätten. Wasser hat eine tiefe mystische und religiöse Bedeutung. In allen Weltreligionen wird heiliges und reinigendes Wasser verwendet. Die jüdische Mikwe, die islamische Gebetswaschung, die christliche Taufe und das Weihwasser zeigen die Verehrung. Die Lauterquelle (lauter = rein, klar) ist der starke, lebendige Ursprung eines kleines Flusses, der sich beharrlich seinen Weg durch ein wildromantisches Tal zur Donau gesucht hat. Im ehemaligen Garten des Klosters Gnadenzell strömt das Quellwasser aus dem felsigen Untergrund und zaubert ein magisches Funkeln auf die in sanften Wellen schwingende Wasseroberfläche.

Die Lauterquelle drückt nicht mit brachialer, sprudelnder Kraft aus der Erde, sondern bildet eine Vielzahl von Säulen und Strömen im Wasser. Ein Anblick, der wahrscheinlich bereits vor vielen tausend Jahren Menschen fasziniert und inspiriert hat. Ganz in der Nähe, am Sternberg, wurde eine Vielzahl von Keltengräbern gefunden, was ein Hinweis darauf sein kann. Mit Sicherheit wurde die Quelle bereits von den keltischen Siedlern genutzt, die für ihre Opfer- und Heilstätten meist Quellen auswählten. Bei den Kelten stand die Quelle, neben dem Baum, im Zentrum der religiösen Verehrung. In der Quelle und in der Mistel lebte die Kraft der Sonne. Für mich ist die Lauterquelle ein Ort der Fragen und Entscheidungen. Hier finde ich die Kraft und die Klarheit, die notwendig ist, um wichtige Entscheidungen zu treffen.

Die beste Zeit für einen Besuch der Quelle ist frühmorgens, wenn die ersten Sonnenstrahlen ein sanftes Licht in diesen Garten der Ruhe werfen. Das Frühjahr und der späte Sommer sind für mich die schönsten Zeiten an der Quelle. Dann begrüßen mich im Morgengrauen die geheimnisvollen Nebelschleier der Nacht, die langsam mit dem Licht verschwinden. Im Schutz der alten Baumriesen liegt still und verzaubert das Wasser. Nur die Wassersäulen zerfließen an der Oberfläche in kleine Wellen. – An einem nebligen Frühlingsmorgen entstieg einst Heinrich von Ofterdingen ihrem Wasser. Er hatte fast 700 Jahre bei den Sternbergweibern im Berg verbracht und wollte endlich wieder heim zu den Schwaben, wie Thomas Felder in seinem Lied vom „Heinrich vo Otterdenga" besang.

An der Lauterquelle

Quellen sind für mich Geschenke aus dem Erdinneren, Symbole der Erneuerung, der Fruchtbarkeit und der Klarheit. Niemals wird es mir möglich sein, dieselbe Quelle und denselben Fluss zweimal gleich zu sehen. Und doch haben Wasserorte etwas Vertrautes für mich. Vielleicht ist es die Urkraft des Lebens und der Erneuerung, die mich immer wieder hierher zurückführt.

> *Das Prinzip aller Dinge ist Wasser;*
> *aus Wasser ist alles,*
> *und ins Wasser kehrt alles zurück.*
> Thales von Milet, griechischer Philosoph

In der Umgebung

Nicht weit von der Quelle, oberhalb des ehemaligen Klosterareals, führt eine Allee mit uralten Bäumen auf die Hochfläche zum Fuße des Sternbergs hinauf. Hier lebte einst ein keltischer Stamm, wie die zahlreichen Grabstätten belegen. Die meisten Hügelgräber sind allerdings eingeebnet worden. Nur an manchen Stellen im Wald sind die Reste der Keltengräber noch zu finden. Nach der inneren Einkehr an der Lauterquelle können wir hier unsere Gedanken und die neue innere Kraft in der Weite der Hochfläche schwingen lassen. Entlang von Getreidefeldern führt uns der Weg zur Boschenhütte und zum Schafhaus und hinauf zum Sternberg, einem besonderen Kraftort, der auf Seite 94 beschrieben wird.

Wegbeschreibung

Den Ort Gomadingen erreicht man von Reutlingen auf der B312 Richtung Engstingen. Vor Engstingen biegt man im Kreisverkehr auf die L230 Richtung Münsingen ab und folgt der Landesstraße bis Offenhausen. Die einzige Möglichkeit rechts fahren und dort parken. Heute befindet sich auf dem ehemaligen Klostergelände an der Quelle ein Teil des weltberühmten Haupt- und Landgestüts Marbach und das Gestütsmuseum. Gut versteckt, befindet sich hinter den Gebäuden die Lauterquelle. Auf dem ehemaligen Klostergelände gibt es eine Beschilderung bis zur Quelle.

Die Bank an der Lauterquelle

Das Sternbergbrünnele –
Eine Quelle auf dem Berg

Lebenswasser und Traumplatz

Lange Zeit waren der Sternberg und seine direkte Umgebung ein Sonntagnachmittagsspaziergangsziel für mich. Die ausgedehnten Wacholderheiden, breite Wiesenwege, das landwirtschaftliche Schaufeld, die nahe gelegene Lauterquelle und der Sternbergturm bilden eine wunderbare Kulisse für Spaziergänge mit kleinen Kindern oder mit Besuch, der die Alb kennen lernen möchte. Erst mit der Zeit hat mich dieser Berg in seinen Bann gezogen, und nur ganz langsam hat er mir seine wirkliche Schönheit und seine besondere Kraft gezeigt. Der Berg hat zwei Seiten. Eine offene, leicht begehbare und blendend schöne Seite, die von vielen Menschen besucht wird. Die andere Seite ist dicht bewaldet, hat schmale, teils steile Wege, die ins Tal hinunter führen, und riesige, zerklüftete Wunden, die Spuren jener Zeit als aktiver Schlot des schwäbischen Vulkans. Meist wandere ich über die sanfte, offene Seite auf den Sternberggipfel hinauf. Oben angekommen, überquere ich das Gipfelplateau mit dem Wanderheim und folge auf der gegenüberliegenden Seite dem alten Wegweiser zum Sternbergbrünnele.

Nach wenigen Metern zeigt ein Wegweiser zu einem alten Steinbruch. Für kurze Zeit wurde hier Basalt, ein Vulkangestein, abgebaut. Manchmal steige ich hinab in den Berg. Vom Steinbruch sind eine kegelförmige Vertiefung und eine Bruchwand übrig geblieben. Dort unten spürt man große Erdkräfte, die stark nach unten ziehen können. Dieser Platz ist eher mit Vorsicht „zu genießen" und sollte mit Bedacht aufgesucht werden. Oberhalb des Basaltbruchs führt der schmale Weg weiter den Berg hinunter. Ich überquere einen Forstweg und erreiche nach ein paar Metern das Sternbergbrünnele. Vor der Quelle steht eine Bank, aber für mich ist hier nicht der Platz zum längeren Verweilen. Woran es liegt, kann ich nicht eindeutig benennen. Es ist ein Gefühl, das mich hier nicht ruhen lässt. Aus dem Brunnen am Sternberg fließt ein besonderes Wasser. Viele Einheimische schwören auf den Geschmack und die Vitalität des Brunnens und holen hier ihr Trinkwasser, auch wenn keine offizielle Laboruntersuchung über die Wasserqualität vorliegt.

Mein Lieblingsplatz am Sternberg befindet sich nur ein paar Schritte weiter, am Rand einer Felsenkluft, die beim Vulkanausbruch entstanden ist. Mächtige Felsen stehen an dieser Stelle im Hang. Ein Schild weist auf einen besonderen Aussichtspunkt hin und ein schmaler Trampelpfad führt hinaus zum Felsenkopf. Am Beginn der Felsen wächst die Eibe, ein Symbol für Tod und Wiedergeburt. Ihr wird die Kraft zugeschrieben, böse Dämonen zu vertreiben und Zauber abzuwehren. In ihr wohnt aber auch der Tod. Alle Pflanzenteile, außer dem roten „Fruchtfleisch" der Früchte, sind sehr giftig. Die Eibe versinnbildlicht das Leben, symbolisiert durch die immergrünen nadelähnlichen Blätter und das biblische Alter, welches dieser Baum erreichen kann. Manche Exemplare sollen 2000 und mehr Jahresringe besitzen.

Das Sternbergbrünnele

Von den Felsen haben wir einen weiten Blick über die Kuppenalb. Direkt unter uns breitet sich dichter Wald aus, vereinzelt blitzt das Weiß der Kalksteine zwischen dem Grün hervor. Vom Aussichtspunkt führt zwischen den Felsen noch ein Pfad weiter hinunter auf ein kleines, kaum einsehbares Plateau. Dort kann ich lange im weichen Gras bleiben. Ganz bei mir, spüre ich die Kraft der Steine und der Bäume. Es ist seltsamerweise kein Platz für spirituelle Ausflüge, sondern eher ein Platz mit einer guten Verbindung nach unten. Selbst Menschen mit Höhenangst können diesen Ort aushalten und spüren.

Wenn in dem Körper und in der Seele keine Kraft ist,
kann man das Innere nicht verwirklichen.
Swami Vivekânanda (1863–1902)

In der Umgebung

Vom Gipfel des Sternbergs sind es nur ein paar Schritte zum Sternbergturm. Es lohnt sich zur Aussichtsplattform hinaufzusteigen, denn an klaren Tagen hat man von dort oben einen berauschenden Ausblick über die Alb und an wenigen Tagen (meistens im Winter) sogar bis zu den Alpen. Von dort oben wird uns der eigentümliche Reiz der Alblandschaft erst bewusst. Im steten Wechsel zwischen Kuppen, kleinen Dörfern, Aussiedlerhöfen, Wäldern und Weiden breitet sich vor uns eine einzigartige Kulturlandschaft aus, die immer wieder neu entdeckt und erlebt werden will. Um den Sternberg herum befinden sich urtümliche Wacholderheiden mit einzeln stehenden, teils prächtigen Wacholderbüschen, knorrigen, windschiefen Kiefern und Weidbuchen. Am Sternberg wurde bis vor einigen Jahrzehnten noch der begehrte Dolomitsand abgebaut, der als Baumaterial und zum Putzen verwendet wurde. Die vielen Löcher im Boden sind aufgegebene Sandgruben.

Wegbeschreibung

Den Ort Gomadingen erreicht man von Reutlingen auf der B312 Richtung Engstingen. Vor Engstingen biegt man im Kreisverkehr auf die L230 Richtung Münsingen ab und folgt der Landesstraße bis Gomadingen. Dort der Beschilderung zum Sternberg folgen, parken und den Berg erklimmen. Das Sternbergbrünnele erreicht man, wenn man beim Wanderheim dem schmalen Pfad hinunter zum Sternbergbrünnele folgt.

Felsen am Aussichtspunkt Sternberg

Die Wacholderheide am Sternberg –
Weite und Ruhe

Die Zauberkraft des Wacholders

Als typische Landschaft der Alb gilt die Wacholderheide. Unzertrenn-
lich gehören zu diesem Bild der Schäfer mit seinem Haufen, die Silberdistel und die Küchenschelle. Wer über die Alb wandert, wird fast
überall dem Wacholder begegnen, meist in aufrechter Gestalt, in kleinen Gruppen und oft in Gemeinschaft mit anderen Büschen und Bäumen stehend. Jeder ist ein Individuum mit eigenem Raum und eigener
Ausstrahlung. Eine der schönsten Wacholderheiden auf der Alb ist für
mich die am Sternberg bei Gomadingen. Dieser Berg gehört für mich
zu den heilenden Bergen der Alb. Am Fuß des Berges liegt ein uraltes
Siedlungsgebiet. Hier ist die Grabstätte eines keltischen Fürsten, wie
durch prächtige Funde nachgewiesen wurde. An anderer Stelle habe
ich bereits das Sternbergbrünnele und den Aussichtspunkt an den Felsen beschrieben. Die Wacholderheide hat noch eine ganz andere Qualität für mich. Es ist bei jedem Besuch eine Reise in eine längst ver-
gangene, sehr geheimnisvolle Zeit. Besonders in den Dämmerstunden,
wenn die Welt der Wacholder lebendig wird und die säulenförmigen
Sträucher zu menschlichen Gestalten werden. Im Wacholder, dessen
Name von dem Begriff „Wachhalter" abgeleitet ist, wohnen die Seelen
der Verstorbenen und warten darauf, bis sie wieder zum Leben zurückkehren können. Es ist der heilige Totembaum, der an der Schwelle

zwischen Leben und Tod steht. Bevor Thuja und Buchsbaum die Gräber der Verstorbenen eroberten, wuchs dort der immergrüne Wacholder als Zeichen des ewigen Lebens.

Der Sternbergheide erstreckt sich fast über den gesamten nordwestlichen Hang des Sternbergs und ist an vielen Stellen regelrecht durchwühlt und aufgegraben worden. Hier wurde bis vor wenigen Jahrzehnten Dolomitsand abgebaut. Diese halboffenen Gruben im Hang sind heute besondere Sitzplätze. Meist sind sie von Weidbuchen und Wacholderbüschen umgeben und bilden so einen natürlichen Schutz. Es sind Plätze für Traumreisen, zur inneren Reinigung und Heilung. Wacholderrauch vertreibt den bösen Geist und öffnet die Seele des Menschen für spirituelle Reisen.

Meine Lieblingsplätze auf der Sternbergheide befinden sich am Waldrand auf dem Heideboden oder auf einer der Holzbänke. Frühmorgens, wenn die Nebelschleier den Sonnenstrahlen weichen, oder im warmen Abendlicht sind die schönsten Zeiten an diesem Platz. Die Stille und der Zauber dieser Landschaft sind dann fast greifbar vorhanden. In der Zwischenwelt verschenkt der Wacholder seine Kraft besonders großzügig und intensiv.

Wacholderbeeren

Auch der Wacholder wird wie der Holunder der Frau Holle zugeordnet. Einst durfte niemand einen Wacholder ohne Grund fällen oder verletzen. Wer ein Stück als Medizin benötigte oder einen Schutzstab aus einem Wacholderzweig schnitzen wollte, musste den Busch höflich darum bitten und von Zeit zu Zeit ein Opfer am Fuße des Busches darbringen. Aus diesem Brauch spricht das jahrtausendealte Wissen, dass in jeder Pflanze, in jedem Stein und in jedem Element ein Geist wohnt.

Vor dem Wacholder soll man die Knie beugen
und vor dem Holunder den Hut ziehen.
Volksmund

In der Umgebung

Auf dem Hart, der Hochfläche im Nordwesten des Sternbergs, finden sich noch heute die Spuren vieler keltischer Hügelgräber und die Boschenhütte, die an einem Kreuzungspunkt mehrerer mittelalterlicher Fernwege liegt: ebenfalls ein besonderer Platz, dessen einstige Bedeutung noch heute spürbar ist.

Im Norden des Berges befindet sich das alte Schafhaus, vor dem eine wunderschöne Buche steht. Dort gibt es einen schönen Grillplatz und Sitzplätze.

Wegbeschreibung

Die Wacholderheiden am Sternberg erreicht man von Reutlingen auf der B312 Richtung Engstingen. Vor Engstingen biegt man im Kreisverkehr auf die L230 Richtung Münsingen ab und folgt der Landesstraße bis Offenhausen. Hier nach rechts abbiegen und der Beschilderung zum Schaugarten am Sternberg folgen, den Berg hinauf und oben rechts fahren. Man kann unten am Schaugarten parken oder einen Parkplatz weiter im Wald sein Auto abstellen.

Meine Lieblingsbank am Rand der Wacholderheide

Ein Ort der Stille und Erinnerung –
Der jüdische Friedhof

Das Haus der Ewigkeit

Der Weg zum jüdischen Friedhof führt an alten Obstbäumen entlang, die mit ihren Ästen und Zweigen an manchen Stellen ein Dach über dem Weg bilden. Zwischen den Bäumen ist auf der anderen Talseite die christliche Kirche mit Friedhof sichtbar. Am Holztor zum Friedhof bleibe ich bei jedem Besuch einen kurzen Moment stehen. Es ist kein Zaudern und keine Unsicherheit, wie es manche Menschen bei der Konfrontation mit dem Tod und dem Sterben fühlen, sondern ein kurzes Innehalten, um den nächsten Schritt ganz bewusst zu machen. Ich möchte das „Bel olmin", das Haus der Ewigkeit, einen fremden Ort, der mich irritierend selbstverständlich aufnimmt und mir vertraut wirkt, nicht beiläufig oder zufällig betreten. Schiefe, teils ausgetretene Steinstufen führen mich durch den Friedhof. Unter Bäumen und von hohem Gras umgeben stehen die Grabsteine. Am frühen Morgen und am frühen Abend beleuchtet ein besonderes Licht den Friedhof. Bei Tagesanbruch sind es die Nebelschleier, die den Ort sanft einhüllen, und am Tagesende ist es ein warmes, weiches Licht, in dem die Steine fast leuchten. Es ist ein Ort des Friedens, der Ruhe, der Sicherheit und Unversehrtheit. Meine Gedanken sind bei den Toten. Wie sahen die Gesichter hinter den Inschriften in deutscher und hebräischer Schrift aus? Welche Häuser bewohnten sie einst im nahe gelegenen Dorf? Welche Lebenswege sind sie gegangen?

Ein Besuch auf dem Friedhof ist für mich immer auch ein Besuch in meine eigene Vergangenheit. Es ist ein geschützter Ort für meine Trauer, für meine Verletzungen und Narben. Hier kann ich mich erinnern und loslassen, etwas abladen, ohne mich zu verlieren. Bei einem meiner Besuche saß auf einer Bank zwischen den Grabsteinen ein älterer Mann, der tief versunken in einem Buch las. Ich versuchte behutsam die Lichtstimmung festzuhalten sowie die Grabsteine zu fotografieren und suchte immer wieder neue Perspektiven und Blickwinkel. Der Mann wurde auf mich aufmerksam und fragte mich, was für Pläne ich mit den Bildern hätte. Ich erzählte ihm von meinem Buchprojekt und fragte ihn, warum er hierher kam zum Lesen. „Ich lese die Geschichte meiner Vergangenheit an diesem Ort", war seine Antwort.

Der jüdische Friedhof ist ein Ort, an dem die Ruhe der Toten nicht gestört werden darf. Deshalb wird hier nichts verändert. Das Gras und die Bäume dürfen wachsen, die Gräber sind nicht mit Friedhofsblumen verschönert. Hier ist die zweite Heimat der Menschen nach ihrer kurzen Epoche des Lebens. Hier finde ich immer wieder einen Platz, an den ich zurückkehren kann. Es ist ein Ort, der mir Vertrautes, aber

Der Weg durch den jüdischen Friedhof

auch Schmerzvolles offenbart. Ein Ort, den ich aber auch immer wieder verlassen kann. Zur Erinnerung an meinen Besuch lege ich, nach altem jüdischem Brauch, einen Stein an einen besonderen Platz.

> *Ich glaube an die Sonne,*
> *auch wenn sie nicht scheint.*
> *Ich glaube an die Liebe,*
> *auch wenn ich sie nicht spüre.*
> *Ich glaube an Gott,*
> *auch wenn ich ihn nicht sehe.*
> Jüdische Inschrift im Warschauer Getto

Beim Verlassen dieses Ortes halte ich an der Torschwelle noch einmal an. Manchmal fällt es mir schwer, einfach zu gehen, manchmal bin ich auch froh, wieder für eine Weile Abschied zu nehmen. Die Kraft dieses Ortes entsteht für mich aus der Stille und Sicherheit, die dieser Ort ausstrahlt. Ich erkenne ihn wieder, wenn ich zurückkehre. Und ich habe wieder Platz für etwas Neues, wenn ich mich verabschiede. Jede Vergangenheit hat auch eine Zukunft.

In der Umgebung

Zurück in Buttenhausen, können wir auf dem geschichtlichen Rundgang durch Buttenhausen die Spuren der jüdischen Geschichte entdecken und das Museum in der Bernheimer'schen Realschule oder die Erinnerungsstätte Matthias Erzberger in der Mühlsteige besuchen. Der berühmte Sohn des Ortes gilt als Wegbereiter der deutschen Demokratie und war eine Symbolfigur in der Weimarer Republik.

Wegbeschreibung

Von Reutlingen aus erreicht man Buttenhausen auf der B312 in Richtung Engstingen. Vor Engstingen biegt man im Kreisverkehr auf die L230 Richtung Münsingen ab und folgt der Landesstraße bis Gomadingen. Dort wechselt man auf die L249 Richtung Marbach, Dapfen, Wasserstetten und Buttenhausen. In Buttenhausen sollte man im Ort einen Parkplatz suchen und zu Fuß auf dem geschichtlichen Rundgang zum jüdischen Friedhof gehen. Dort gibt es keine Parkplätze! Der Friedhof liegt auf der rechten Seite oberhalb von Buttenhausen.

Ein Zeichen des Besuches: die Steine auf dem Grabstein

Die Bank am Bürzel –
Ein Fluss erzählt Geschichten

Flussgeschichten und Lebenswege

Das Große Lautertal ist nicht umsonst eine der beliebtesten Regionen auf der mittleren Schwäbischen Alb: der mäandernde Flusslauf, malerische Ortschaften, bizarre Felsnadeln und auf fast jedem größeren Felskopf eine romantische Burgruine. Erstaunt bin ich nur immer wieder, dass alle Welt das Tal von unten erleben möchte und dass zur gleichen Zeit, wenn im Tal Menschenmassen zu Fuß, auf dem Fahrrad, mit dem Auto oder Motorrad unterwegs sind, auf der Hochfläche Stille, ja fast Einsamkeit herrscht. Für mich ist das Tal von der Hochfläche aus viel schöner. Die Gegensätze der weichen, runden Flussschlingen zu den schroffen Hangfelsen, die dichten Hangwälder, die im Herbst in allen Rot- und Brauntönen leuchten, die Heidelandschaft an manchen Talhängen mit alten Wacholderbüschen, Kiefern und Schlehen.

Mein Lieblings-Ausblick ins Lautertal ist der Bürzel, der sich ganz in der Nähe vom Demeterhof Freytag oberhalb von Niedergundelfingen befindet. Seinen seltsamen Namen hat dieser Platz wegen seiner Form, die an einen herausstehenden Bürzel eines Federviehs erinnert.

Für mich ist der Bürzel aber nicht nur ein Aussichtspunkt, sondern auch ein Kraftort, der mir die Geschichte des Elements Wasser zeigt und erzählt. Man blickt von oben direkt auf Niedergundelfingen, einen

Umlaufberg, der durch die Kraft des Wassers aus dem Stein „modelliert" wurde. Ein immer wieder eindrucksvolles Bild. Unvorstellbar, wie ein ganzer Berg aus dem Uferhang herausgearbeitet wurde und heute mitten im Tal steht. Nichts gleicht unserem Lebensweg so wie ein Flusslauf.

An diesem Ort spüre ich meinen eigenen „Fluss des Lebens". Ich erinnere mich an die Geschmeidigkeit, die sanfte Energie und Ausdauer, die alle Hindernisse besiegen kann und immer wieder neue Wege sucht. Wie der Fluss, so wandelt sich auch mein Leben immer wieder aufs Neue. Darin liegen meine Chance und meine besondere Kraft. Ein Fluss, der ohne starke Quelle ist, wird austrocknen und verschwinden, ohne Spuren zu hinterlassen. Ein Mensch ohne innere Kraftquelle und ohne „Seelennahrung" wird verdursten am Leben.

Im Lautertal

WASSER UND LEBEN

Einen Weisen im alten China fragten einmal seine Schüler:
„Du stehst nun schon lange vor diesem Fluss
und schaust ins Wasser. Was siehst du denn da?"

Der Weise gab keine Antwort. Er wandte den Blick nicht ab von
dem unablässig strömendem Wasser. Endlich sprach er:
„Das Wasser lehrt uns, wie wir leben sollen.

Wohin es fließt, bringt es Leben und teilt sich aus an alle,
die seiner bedürfen. Es ist gütig und freigiebig.

Die Unebenheiten des Geländes versteht es auszugleichen.
Es ist gerecht.

Ohne zu zögern in seinem Lauf, stürzt es sich über Steilwände
in die Tiefe. Es ist mutig.

Seine Oberfläche ist glatt und ebenmäßig,
aber es kann verborgene Tiefen bilden. Es ist weise.

Felsen, die ihm im Lauf entgegenstehen, umfließt es. Es ist
verträglich. Aber seine sanfte Kraft ist Tag und Nacht am Werk,
das Hindernis zu beseitigen. Es ist ausdauernd.

Wie viele Windungen es auch auf sich nehmen muss, niemals
verliert es die Richtung zu seinem ewigen Ziel, dem Meer, aus
dem Auge. Es ist zielbewusst.

Und so oft es auch verunreinigt wird, bemüht es sich doch unab-
lässig, wieder rein zu werden. Es hat die Kraft, sich
immer wieder zu erneuern.

Das alles", sagte der Weise, „ist es,
warum ich auf das Wasser schaue.
Es lehrt mich das rechte Leben."

Quelle unbekannt

In der Umgebung

Der Hang des Bürzels ist eine der alten Wacholderheiden im Lautertal. Einst als Weideland für Schafe und als Schneckengärten genutzt, wird heute ein großer Aufwand betrieben, die Heidelandschaft freizuhalten. Es sind die versteckten, auf den ersten Blick unscheinbaren und vielfältigen Schönheiten dieser Landschaft, die den Pflegeaufwand rechtfertigen. Am Rande einer Wacholderheide zu sitzen, die Schmetterlinge, Bienen, Hummeln und Grashüpfer zu beobachten und die bizarren Blüten und Farben der Wildorchideen zu entdecken, hat etwas Meditatives und Beruhigendes.

Ein ebenfalls sehr schöner Platz befindet sich auf der Burgruine Bichishausen. Ganz oben, auf den riesigen Steinquadern des Turmfundaments, befindet man sich an einem geschützten Platz, der einen Aufstieg rechtfertigt.

Wegbeschreibung

Der Bürzel ist ein Bergsporn, der zwischen Bichishausen und Gundelfingen oben bei den Steighöfen liegt. Am besten parkt man bei den Wandertafeln direkt oben an der Steige und läuft nach rechts weg, hinter dem Demeterhof Freytag auf dem Wanderweg des Schwäbischen Albvereins, dem HW 5 bis zum Aussichtspunkt.

Bichishausen liegt an der Kreisstraße K6769, die durch das Große Lautertal führt. Von Reutlingen fährt man auf der B312 vor Engstingen Richtung Münsingen auf der L230 bis Gomadingen und biegt dort auf die L249 Richtung Marbach ab. Über Dapfen, Wasserstetten und Buttenhausen kommt man ins Große Lautertal. In Bichishausen der Beschilderung zu den Steighöfen folgen oder man startet vom Zollhäusle direkt unten an der Straße, überquert die Lauter und wählt den steilen Weg über die alte Mühlsteige zum Grillplatz „Klammenkreuz". Von dort kann man bereits die Steighöfe sehen. Folgt man dem Weg an den Steighöfen links vorbei, so ist man schon nach ca. 150 Metern beim Bürzel.

Der Hohengundelfingen –
Ein besonderer Platz im Burggarten

Die Burg der Swigger

Im Tal der Burgen, dem Großen Lautertal, reiht sich fast eine Ruine an die andere. So hat es eine Weile gedauert, bis ich „meine Burg" gefunden hatte. Davor suchte ich die Burgruinen meist wegen ihrer atemberaubenden Aussichtspunkte oder wegen ihrer besonderen Geschichte auf. Hohengundelfingen, die vielleicht bedeutendste und bekannteste Ruine im Lautertal, stand bei mir seltsamerweise lange Zeit nicht auf meiner „Burgenliste".

Mit Faszination las ich die Romane von Gunter Haug, der das Schicksal der Herren von Gundelfingen spannend und lebendig beschrieben hatte. Im Internet sah ich mir die Webseiten der heutigen Burgherren an, die mit viel Engagement die Schönheiten ihrer Burgruine präsentierten. Die Bilder machten mich endgültig neugierig und an einem sonnigen Spätsommertag brach ich endlich auf, um die Burgreste der einst mächtigen Swigger zu erkunden. Ich wählte einen Wochentag für meinen ersten Besuch, um möglichst ungestört zu sein. Übrigens ein Phänomen, das auf der Alb immer wieder zu beobachten ist: An den Wochenenden im Sommer werden manche „Sehenswürdigkeiten" regelrecht überrannt, während die Woche über dort kaum Besucher anzutreffen sind.

Für meine „Erstbesteigung" des Burgfelsens wähle ich den Weg aus dem Tal und nicht die komfortablere Variante von Dürrenstetten aus. Ich will die Burg „erobern", und dazu gehört für mich auch der beschwerliche Aufstieg. Nach einigen Serpentinen auf einem schmalen Trampelpfad durch den Wald erreiche ich den Burggraben. Der Burgfried, mit großen Buckelquadern gemauert, thront uneinnehmbar über den Resten der umfangreichen Burganlage. Innerhalb der Mauern sind im Lauf der Jahrhunderte mehrere Bäume gewachsen. Knorrige Krüppeleichen, beeindruckende Buchen und einzelne Linden haben sich in den steinigen Untergrund gearbeitet und genügend Halt gefunden, um Stürmen zu trotzen.

Im ehemaligen Frauenhaus, dessen halbrunde Außenmauern wieder freigelegt und gesichert wurden, wächst eine besonders schöne Krüppeleiche, deren weit verzweigter, schiefer Wuchs etwas Zauberhaftes hat. Unter dem Baum steht eine Bank, die mich „magisch" anzieht. Hier möchte ich für den Rest meines Lebens sitzen bleiben. Die Burg hat mich erobert und in ihren Bann gezogen. Ein Ort der Vergänglichkeit, der eine brüchige, fast morbide Schönheit ausstrahlt. Ein Ort, der Geschichten vom einst mächtigen Geschlecht der Swigger, von Kriegen, Belagerungen, Grausamkeiten und Überfällen erzählt. Ein Ort der Sagen, an dem die unehelichen Kinder der Swigger zu Steinsäulen erstarrt sind und noch heute weithin sichtbar ausharren müssen.

Die Reste der Burgmauern

Die verwinkelte Burgruine, die noch gut den Grundriss der einstigen Räumlichkeiten erkennen lässt, bietet jedem die Möglichkeit seinen besonderen Platz zu finden. Dabei ist es vollkommen gleichgültig, welche Bedeutung dieser Platz für den Einzelnen hat. Ist es ein Platz zum Träumen? Für ein paar Momente Burgherr oder Burgfräulein zu sein und der Burgenromantik zu erliegen. Oder aber ein Platz zum Meditieren, mit Verbindung zum starken Burgfelsen, der durch seine Höhlen mit einem Zugang in die Anderswelt versehen ist. Vielleicht ist es auch

Ein besonderer Platz auf der Burg

Jeder kann auf der Burg „seinen" Platz finden: Blick ins Lautertal

„nur" die atemberaubende Aussicht, die das Herz vor Begeisterung hüpfen lässt und neue Kräfte mobilisiert. Ich beschreibe in diesem Buch ganz bewusst keine Anleitung zum Erspüren eines Kraftortes. Jeder soll und kann dies auf seine Art erleben und jeder erlebt einen Kraftort anders. Der Rückweg führt mich hinunter nach Wittsteig, von wo es nur ein paar Minuten wieder zurück zum Gundelfinger Sattel, meinem Ausgangspunkt, sind.

In der Umgebung
Nicht nur die Stille an einem besonderen Platz kann Kraft und neue Inspiration geben, sondern auch Kunst kann eine wohltuende Wirkung auf unsere Seele ausüben und neue Energien freisetzen. Am Fuße der Burg finden wir das Museum und die Stiftung Anton Geiselhart. Seine einzigartigen Gemälde mit satten, leuchtenden Farben und die ausdrucksstarken Grafiken sind in einer ständigen Ausstellung zu besichtigen. Zusätzlich finden wechselnde Ausstellungen in den Museumsräumen statt.

Wer mehr über die Burggeschichte von Hohengundelfingen erfahren möchte, wird im Burgmuseum fündig. Nach dem „Kulturbesuch" empfiehlt sich ein Abstecher in den Burgladen, der regionale Produkte und vieles mehr im Angebot hat.

Der kleine Ort Gundelfingen und die besondere Ausstrahlung der Burganlage sind ein Genuss für alle Sinne. Stille, Kunst und kulinarische Genüsse sind Balsam für alltagsgestresste Nerven. Allerdings sollte man sich einen Wochentag oder den frühen Morgen am Wochenende aussuchen, um diesen Ort zu entdecken. Wie schon erwähnt, sind an den Sonntagen im Lautertal und auf den Burgruinen viele „Erholungsuchende" unterwegs.

Wegbeschreibung

Den Ort Gundelfingen erreicht man von Reutlingen auf der B312 Richtung Engstingen. Vor Engstingen biegt man im Kreisverkehr auf die L230 in Richtung Münsingen ab und folgt der Landesstraße bis Gomadingen. Dort auf die L249 Richtung Marbach, Dapfen, Wasserstetten und Buttenhausen wechseln. In Buttenhausen folgt man der Straße durch das Große Lautertal bis nach Gundelfingen. Im Dorf unten parken und auf dem Albvereinsweg mit dem Wegzeichen „Roter Balken" die Steige Richtung Dürrenstetten hinauf zum Hohengundelfingen laufen.

Blick auf Niedergundelfingen, im Hintergrund rechts ist der Bürzel

Die Bank im ehemaligen Frauenhaus, mein Lieblingsplatz auf der Burg

Auf der Hochfläche –
Das Käpelle bei Bremelau

Glaubenszeichen und Sühnekreuze

Auf meinen Wegen zu den Kraftorten der Schwäbischen Alb begegnen mir immer wieder Feldkreuze und Feldkapellen am Wegrand. Oft gehe ich einfach weiter und nehme den Platz nur im Vorübergehen wahr. Manchmal aber veranlasst mich ein besonderes Gefühl oder ein interessantes Detail zum Anhalten und Nachspüren, was an diesem Ort lebt.

So stoße ich auch auf die Feldkapelle zwischen Bremelau und Dürrenstetten. Ich fahre mit dem Auto über die Hochfläche ins Lautertal und bin schon an der der kleinen Kapelle (schwäb. Käpelle), die direkt an der Ortsverbindungsstraße steht. Irgendetwas veranlasst mich auf dem nächsten Feldweg umzudrehen und zurückzufahren. Vor dem kleinen weißen Gebäude befinden sich zwei Holzbänke. Im Innenraum steht die lebensgroße Holzfigur eines Missionars aus dem 15. Jahrhundert. Links und rechts des Käppele stehen zwei junge Bäume und auf der rechten Seite ist ein großes, schlichtes Holzkreuz. Direkt hinter der Kapelle beginnen die großflächigen Getreidefelder der Hochfläche, die fast bis zum Horizont reichen. Dieser Ort wird liebevoll gepflegt. Die symmetrische Anordnung der Bäume und Bänke schafft eine natürliche Ordnung, die sehr wohltuend wirkt und Raum gibt, um sich auszuruhen, innere Zwiegespräche zu führen, zu beten, zu hoffen, zu trauern und zu wünschen. Es ist ein Platz ohne die opulente Schönheit des Lautertals, der Albfelsen und Aussichtspunkte. Die weiten Hochflächen der Alb besitzen einen spröden Charme, der sich oft erst nach dem zweiten oder dritten Besuch offenbart und einen dann nie wieder loslässt. Es gibt nur noch wenige Orte in Deutschland, die stundenlange Spaziergänge ermöglichen, ohne dass man einem Menschen begegnet. Die Hochflächen der Alb mit den ausgedehnten Buchenmischwäldern gehören dazu.

Die Begegnung mit Feldkreuzen, Feldkapellen und Kirchen ist für mich immer eine sehr persönliche Angelegenheit. In einer Zeit, in der Glauben und Frömmigkeit eine Gefühlsregung für Notsituationen oder Massenveranstaltungen geworden sind, hat die persönliche, intensive Begegnung eine besondere Bedeutung für mich bekommen. Manches Kreuz und manche Kapelle wurde aus Dankbarkeit für ein gesundes Kind, eine glücklich verlaufene Reise oder die Genesung aus schwerer Krankheit gestiftet und oft auch selbst erbaut. Sühnekreuze erinnern an ein Verbrechen oder eine Sünde und ermahnen zur Gläubigkeit. In früheren Zeiten wurde Verurteilten häufig die Auflage gemacht, ein solches Kreuz zu erstellen und mehrere Prozessionen zu stiften. Andere Kreuze markierten die Stationen der Feldprozessionen, auf denen um eine gute Ernte und wenig Unwetter gebetet wurde. Noch heute wird dieser religiöse Brauch in manchen Gegenden gepflegt.

Bildstock auf der Feldflur bei Alt-Hayingen

Wenn wir den Kreuzweg heute gehen,
dann gehen wir ihn für die Menschen,
so wie ihn damals Jesus für die Menschen ging.
Wenn der Kreuzweg etwas in uns bewirken soll,
dann nur, wenn wir an dem Leid unserer
Mitmenschen teilhaben.

Albrecht Ripp, www.ripp-art.de

Mit diesem Wissen begegne ich diesen Plätzen mit Ehrfurcht und Respekt, auch wenn mir die Menschen und Schicksale dahinter gänzlich unbekannt sind. Vielleicht sind es die Geschichten, die sich hinter den Kreuzen und Kapellen verbergen und noch heute an dem jeweiligen Standort leben, die mich berühren und erreichen. Vielleicht ist es auch mein Glaube, den ich in der Landschaft und in der Natur besonders intensiv spüre. Kirchengebäude haben für mich meist etwas Bedrückendes und Strenges. Unter dem freien Himmel spüre ich den „Kontakt nach oben" ohne störende Überbauten.

Christliche Symbole, Feldkapellen und Klöster wurden oft an Kraftorten oder an den Wegen zu alten Kraftorten erbaut. Die „heidnischen Plätze" sollten in Vergessenheit geraten und dort, wo in frühen Zeiten Wassergottheiten, Baumgottheiten oder Erdgötter verehrt wurden, betete man fortan zum christlichen Gott. Aus diesem Grund wurden viele heilige Bäume gefällt und zahlreiche Opferplätze und heilige Haine zerstört.

Standorte einiger Kreuze und Kapellen

Hayingen:	Oberhalb der Maisenburg, unterhalb der Wallanlagen von Alt-Hayingen
Steighöfe:	Auf der Hochfläche
Mörsingen:	Kapelle
Sternberg:	Boschenhäusle
Weiler:	Weiler Käpfle
Salmendingen:	Salmendiger Kapelle
Melchingen:	Ortsausgang Richtung Mössingen

Wegbeschreibung

Von Münsingen fährt man auf der B465 in Richtung Ehingen bis Bremelau. In Bremelau nach ca. 500 Meter links in die Dürrenstetter Straße in Richtung Dürrenstetten abbiegen. Kurz vor dem großen Wasserturm, den man schon von weitem sieht, finden sie das Käpelle. Oder man kommt über das Lautertal von Gundelfingen, biegt hier links nach Dürrenstetten ab und fährt in Richtung Bremelau weiter.

Bildstock bei Bichishausen

Bildstock im Buchstock, Hayingen

Bildstock bei der Maisenburg

Feldkreuz am Hochberg, Rechtenstein

Das goldene Kreuz –
Am Schneckenberg im Lautertal

Einen Kreuzweg bewusst begehen und erleben

Meine erste Begegnung mit dem Kreuzweg am Weiler Käpfle geschah im Zusammenhang mit den Recherchen zur „Expedition Schwäbische Alb". Damals war der eigentliche Grund für den Besuch der Schneckengarten. Er befindet sich am Fuße des Käpfle. Der Kreuzweg interessierte mich eher unter historischen Aspekten und weniger in spiritueller Hinsicht. Und doch bemerkte ich bereits damals, dass an diesem Ort etwas Besonderes spürbar ist. Das goldene Kreuz auf dem kleinen Gipfelplateau hatte eine enorme Anziehungskraft und auf dem Weg dorthin fühlte ich mich beschützt und geborgen.

Wir machten an diesem Ort nur eine kurze Zwischenstation. Das Käpfle hat mich in der Folgezeit aber sehr lange beschäftigt und ich wollte dorthin zurückkehren, um diesen Platz intensiver zu erleben.

Ein paar Jahre später erinnerte ich mich bei den Arbeiten an dem „Kraftorte und Kraftwege"-Buch wieder an das Käpfle und seine Ausstrahlung. Zwischenzeitlich war der Ort durch den Schneckengarten berühmt geworden, da die Albschnecken ein reges Interesse bei Feinschmeckern und der breiten Öffentlichkeit geweckt haben. Ich hatte meine Zweifel, ob ich das Käpfle und den Kreuzweg ähnlich spüren und erleben würde wie bei meinem ersten Besuch.

An einem sehr heißen Sommertag mache ich mich auf den Weg. Ich fahre über Münzdorf ins Tal hinunter, um dem Trubel im Lautertal etwas aus dem Weg zu gehen. Im Tal angekommen, biege ich rechts ab Richtung Weiler und suche einen Parkplatz. Von Weiler aus ist der Weg zum Schneckengarten liebevoll mit einer hölzernen, keck dreinblickenden Schnecke ausgeschildert. Nach einigen Metern erreiche ich den Hang des Weiler Käpfle.

Als Erstes fallen mir die neu angelegten Wege zum Schneckengarten und erneut die sympathische hölzerne Schnecke auf. Und ich spüre bereits auf den ersten Erkundungsschritten die Kraft dieses Ortes und des Weges bis hinauf zum Kreuz. Mir wird klar, dass dieser Platz bereits lange vor dem Kreuzweg eine besondere Bedeutung hatte. Die Kirche bediente sich oft dieser Plätze, um heidnische Bräuche auszumerzen oder ihre eigenen Symbole mit der Kraft eines Ortes zu belegen.

Der Kreuzweg verläuft in Serpentinen hinauf zum Gipfelplateau. An jeder Wegkehre stehen ein Baum und ein steinerner Bildstock, der eine Station des Weges markiert. Von unten betrachtet wirkt die „Allee" der Bäume wie ein Blättertunnel, an dessen Ende das strahlende, goldene Kreuz alles überragt. Der übrige Berghang ist eine alte Wacholderheide. Im Sonnenschein tanzen die Schmetterlinge vom blühenden Dost zu den Quendelblüten, den Kartäusernelken und einer bunten

Der Kreuzweg hinauf zum Käpfle

Vielfalt meist kleiner, filigraner Blüten. Diesen Duft aus Kräutern, Blumen, Wacholderbüschen und Gräsern riecht man einmal bewusst und behält ihn für sein ganzes Leben in Erinnerung.

Ich erinnerte mich, dass ich den Weg hinauf beschreiten wollte. Die ersten Schritte führen an einer Informationstafel vorbei, auf der an die großen Anstrengungen erinnert wird, unter denen der verfallene Kreuzweg und die zugewucherte Wacholderheide wieder „aufgeräumt" und restauriert wurden. Seltsam, dass so ein Ort in Vergessenheit geraten konnte.

Im christlichen Glauben symbolisiert ein Kreuzweg die Via Dolorosa in Jerusalem, den Leidensweg Jesu Christi vom Sitz des Gerichtes bis zur Kreuzigungsstätte. Ein Weg der Schmerzen, der Ungerechtigkeit, der Qualen und Marter. Es ist aber auch ein Weg der Nächstenliebe, der Hilfe, der Trauer, der Freiheit und Würde. Für mich ist der Kreuzweg eine Begegnung mit meinen eigenen Verwundungen, Leiden und Schmerzen. Ich erinnere mich aber auch an Menschen, die bereit waren, auf schweren Wegen mit mir zu gehen, mein Kreuz ein Stück zu tragen. Immer wieder bin ich aufgestanden und weitergegangen. Einen Kreuzweg bewusst zu begehen heißt sich auf den Weg machen zu einer Begegnung mit sich selbst und mit dem Leiden anderer Menschen. Im

Ein Falter auf wildem Majoran

„Sonne tanken" am Rande der Wacholderheide

Hinaufgehen spüre ich, dass ich trotz allem, oder vielleicht gerade deshalb, lebe und liebe. Ich habe die dunklen, schmerzvollen Wegstücke als einen Teil meines Lebens angenommen. Bald ist die letzte Station des Kreuzweges erreicht. Jesus ist am Kreuz gestorben. Es ist still in mir.

Der höllische Krach einiger Auspuffmachos im Tal zerreißt die äußere Stille schmerzhaft. Wann lernen es diese „Männer" endlich, mit ihren inneren Werten auf sich aufmerksam zu machen, anstatt ihr Selbstbewusstsein über halsbrecherische Motorradfahrten und einen dicken, lauten Auspuff zu definieren?

Über Stufen geht es das letzte Stück des Weges zum Gipfel hinauf. Umrahmt von großen Wacholderbüschen und Buchen steht unter dem Kreuz eine Ruhebank. Hier oben ist die Kraft des Berges sehr präsent. Am „hinteren Hang" des Käpfle sind Wallanlagen, die Reste einer alten Festung, zu erkennen. Immer wieder zog dieser Berg Menschen an. Vor den Burgherren waren es die Kelten und vor den Kelten die Jäger und Sammler der Frühzeit. Hier oben waren sie ihren Gottheiten nahe. Hier fühlten sie die irdische und göttliche Kraft. Ein wohliges Gefühl macht sich in mir breit. In sanften Wellen breitet es sich bis in die Fingerspitzen und Zehen aus. Für einen Moment lasse ich los. Ich fühle die

Sehnsucht nach den endlosen Welten. Mit beiden Füßen spüre ich den warmen Boden, der mich trägt. Es ist Zeit aufzustehen und wieder hinunterzugehen. Auf halber Höhe erliege ich gerne der Anziehungskraft eines Traumplatzes am Rande der Wacholderheide. Im weichen Gras sitzend, wandert mein Blick über die Landschaft. Kleine Äcker, die sanften Hügel der Hochfläche, Wald, Wiesen und das verschlungene blaue Band der Lauter ziehen an mir vorüber. Die Sonne wärmt mich auf. Hier ist es schön. Noch ein paar Schritte weiter und ich bin auf dem Weg zurück. Die Intensität des Ortes klingt in mir nach. Ich weiß, ich werde wieder hierher zurückkehren.

In der Umgebung
Die lange und dennoch fast vergessene Tradition der Schneckenmast ist im Lautertal wieder erwacht. Die ersten Schneckengärten wurden angelegt und es ging nicht lange, da fand die echte Alb-Deckelschnecke ihren Weg in die Kochtöpfe und Schneckenformen mit Kräuterbutter. Der Begriff „Schneckengarten" verspricht allerdings mehr, als er halten kann. Es handelt sich dabei um einen umzäunten rechteckigen Fleck Wacholderheide oder Kräuterwiese. Ausbruchsicher leben etliche Schnecken in diesem Garten und mästen sich im Schneckentempo mit aromatischen Albkräutern und anderem Grünzeug. Früher fraßen sich Millionen Schnecken auf der Alb so dick, dass sie gerade noch so in ihre „Mobilhomes" passten. Sobald sie sich zugedeckelt hatten, wurden sie in Fässern bis nach Wien transportiert, um dort als Delikatesse und Fastenspeise im Kochtopf zu landen. So weit schaffen es die Albschnecken der heutigen Schneckengärten allerdings nicht mehr. Bevor sie die Talgrenze erreichen, sind sie in der Regel bereits verspeist.

Wegbeschreibung
Den Ort Weiler erreicht man von Reutlingen auf der B312 Richtung Engstingen. Vor Engstingen biegt man im Kreisverkehr auf die L230 Richtung Münsingen ab und folgt der Landesstraße bis Gomadingen. Nach Gomadingen abbiegen und über Marbach, Buttenhausen immer im Lautertal bis nach Weiler fahren. Hier rechts rein und am besten bei der kleinen Kirche parken. Schon beim Herfahren sieht man die Schnecken, die einen zum Schneckengarten und dem Käpfle führen.

Das Käpfle mit Kreuz und Ruhebank

Von der Gerberhöhle zur Keltenburg –
Ein Weg ins Innere

Geheime Wege im Felsen

Das Karstgebirge der Alb ist von einer Vielzahl Höhlen regelrecht durchlöchert. Am bekanntesten sind die großen Schauhöhlen, die jährlich von Tausenden Besuchern besichtigt werden. „Meine Höhlen" liegen eher abseits der großen Besucherströme. Oft führen sie nur ein paar Meter in den Felsen hinein, aber sie bieten Stille und Geborgenheit. Es sind Rückzugsorte und Heilungsorte für mich. Eine meiner liebsten Höhlen ist die Gerberhöhle unterhalb von Alt-Hayingen, einem uralten Siedlungsplatz.

Bevor ich mehr von dieser Höhle erzähle, ist es mir ein wichtiges Anliegen, auf die sensiblen und schutzbedürftigen Bewohner der Albhöhlen hinzuweisen. Fledermäuse haben in vielen dunklen Grotten ihre Schlafstätten und dürfen vor allem während der Wintermonate nicht gestört werden. Die Gerberhöhle ist aus diesem Grund mit einem Eisengatter vor Eindringlingen und Störenfrieden geschützt worden. In Höhlen sollte man sich rücksichtsvoll und respektvoll benehmen. Um im Schoß der Mutter Erde zu sitzen, braucht man kein Feuer oder Kerzen. Wer loslassen kann und bereit ist, sich auf die Finsternis und

Stille einzulassen, wird weder Angst noch Panik spüren, sondern den zeitweiligen Verlust seiner Orientierungs- und Wahrnehmungssinne als Geschenk und Wohltat empfinden. Alle Wahrnehmung richtet sich nach innen, ich höre in mich hinein und spüre die Schwingungen des Felsens. Der Besuch einer Höhle ist eine Reduzierung auf mich selbst, eine Reise in mein Innerstes. Hier finde ich den Wendepunkt, an dem sich Schwäche zu Stärke verwandelt und schwierige Prozesse in meinem Leben eine positive, klärende Wirkung bekommen.

Der Weg zur Höhle ist ein alpiner Aufstieg unterhalb der eindrucksvollen Schwammstotzen, die durch Wind und Wetter aus dem Felsen regelrecht herausmodelliert wurden. Entlang dem Weg wachsen duftender Thymian und Majoran. Die einzigartige Bergpflanzenwelt im intensiven Sonnenlicht der warmen Halde unterhalb der Felsen ist für mich immer wieder aufs Neue ein bezaubernder Anblick. Der Aufstieg ist eine entscheidende Einleitung für meinen Höhlenbesuch. Ich spüre meinen Körper und Atem, speichere die Wärme der Sonne und befreie mich von belastenden Gedanken. Ein wichtige Voraussetzung, um die Zeit im Erdinneren positiv zu erleben.

Über die Gerberhöhle werden viele Geschichten erzählt. In ihrem Inneren soll in Vorzeiten das höchste Gericht getagt haben. Andere Quellen

Die Schwammstotzen an der Gerberhöhle

berichten von Treppen, die hinunter ins Tal zur Lauter führen. Es soll hier geheime Gänge in die Unterwelt geben. Wer diesen Ort ungestört erleben möchte, der sollte die Höhle an den Wochenenden und zur Urlaubszeit meiden. Jahr für Jahr besuchen auch diesen Ort immer mehr Menschen. Eine besondere Stille herrscht hier frühmorgens oder in den Abendstunden. Von der Höhle aus führt ein Steig weiter den Felsen hinauf zum Alt-Hayinger Ringwall. Und wieder hat der steile Weg hinauf eine wichtige Bedeutung. Nach der Zeit in der Höhle spüre ich mich wieder im Hier und Jetzt, kehre zurück ans Licht und folge ihm hinauf. Auf dem weiten Plateau erwartet mich eine ganz andere Atmosphäre. Hier lebt der Geist der früheren Bewohner dieser weitläufigen Wallanlage. Die einstige Höhe und Mächtigkeit lässt sich an manchen Stellen noch ganz gut erahnen. Teilweise verlaufen 2 bis 3 Gräben und Schutzwälle hintereinander. Einst muss hier ein bedeutsamer Platz gewesen sein. Auf meinem Weg entlang der Wallanlagen ziehen keltische Krieger an mir vorüber und sprechen mir Mut zu auf meinem Weg in die Vergangenheit dieses Ortes und in meine eigene Vergangenheit. Scheinbilder, Geistwesen mit einer symbolischen Botschaft.

Die Geschichte einer der größten Festungsanlagen in Baden-Württemberg bleibt bis heute für die Wissenschaft rätselhaft. Vieles deutet darauf hin, dass es sich nicht um eine Siedlung, sondern um eine reine

Gut sichtbar sind der mehrere Meter hohe Wall und der Graben der Festung

Verteidigungsanlage handelte. Nachgewiesen wurden ein mit Steinen gefülltes Holzrahmenwerk auf den Wällen und Brandspuren, die darauf hindeuten, dass die Festung einem Feuer zum Opfer fiel. Ob dies bei einem Angriff oder aus Unachtsamkeit geschehen war, bleibt wissenschaftlich im Dunkeln. Vielleicht kommt eines Tages ein Mensch, der die Sprache der keltischen Krieger spricht und den Geschichten vom Aufstieg und Fall der Keltenburg zuhören kann.

Der Eingang ist im Winter geschlossen

In der Umgebung

Die nahe gelegene Maisenburg ist ebenfalls ein besonderer Platz. Die Ruine hat etwas Verwunschenes, und die Ferienwohnungen im ehemaligen Wirtschaftsgebäude, das der Ruine vorgelagert ist, weisen sehr stilvolle Übernachtungsmöglichkeiten und Urlaubsquartiere auf. Von dort aus führt eine alte Steige ins Tal hinunter, die teilweise noch aus mittelalterlichen Pflastersteinen besteht und im oberen Teil von knorrigen Obstbäumen gesäumt ist.

Wegbeschreibung

Den Ort Anhausen erreicht man von Reutlingen auf der B312 Richtung Engstingen. Vor Engstingen biegt man im Kreisverkehr auf die L230 Richtung Münsingen ab und folgt der Landesstraße bis Gomadingen. Nach Gomadingen abbiegen und über Marbach, Buttenhausen immer im Lautertal bis nach Anhausen fahren. Dort den gesamten Ort auf der Hauptstraße durchqueren und immer weiter an der Lauter entlang, bis zum Parkplatz unterhalb der Maisenburg.

Wenn Sie vor der Wandertafel der „Expedition Schwäbische Alb" stehen, nach links dem geteerten Strächen Richtung Kläranlage folgen. Das Sträßchen biegt nach links ab und nach wenigen Metern führt uns ein Serpentinenpfad rechts hinauf zur Gerberhöhle.

Die Felsendächer am Wartstein –
Ein Weg der Stille

Entlang der Lauter

Auf der Suche nach den Kraftorten auf der Alb spürte ich, dass es auch Kraftwege gibt. Alte Verbindungswege von Klöstern, Pfarrwege, Viehtriebwege und uralte Reisewege und Alleen, die heute noch genutzt werden, haben oft eine besondere Kraft und Bedeutung, die man spüren kann.

Auffällig ist, dass viele dieser Wege heute noch genutzt werden, obwohl es oft bequemere und kürzere Verbindungen gibt. Eine mögliche Erklärung dafür sind die Macht der Gewohnheit bzw. alte Traditionen. Gut vorstellbar ist aber auch der Gedanke, dass diese Wege nicht nur von A nach B führen, sondern selbst das eigentliche Ziel darstellen. Wege am Fluss, zu Quellen oder besonderen Aussichtspunkten haben oft ganz andere Qualitäten als schnelle, gerade „Schnellstraßen".

Einer meiner liebsten Kraftwege verläuft im Lautertal vom Parkplatz unterhalb der Maisenburg bei Hayingen-Anhausen und führt hinunter bis zur Ruine Wartstein. Das Lautertal ist an manchen Tagen fast schon überfüllt mit Urlaubern und Erholungsuchenden. Ich meide deshalb, zumindest für die Hälfte des Weges, den Hauptweg, der talabwärts auf der rechten Flussseite verläuft. Vom Wanderparkplatz aus wandere ich ein Stück auf der Zufahrtsstraße zurück, bis ich über die Brücke gegangen bin. An der Ölmühle geht es rechts und nach ein paar Metern lasse ich den Trubel vom Spielplatz und den Grillstellen hinter mir. Er verflüchtigt sich mit jedem Schritt immer mehr. Eine fast unwirkliche Stille tritt ein. Ab Anhausen führt keine Verkehrstraße mehr durch das enge Tal. Ab hier zeigt sich das Tal von seiner wildromantischen Seite und bietet uns eine reiche Vielfalt an Sinneseindrücken und Erfahrungen.

Entlang den dichten Hangwäldern wandere ich talabwärts, bis zwei kreisförmige Aushöhlungen im Kalkfelsen sichtbar werden. Die Form der Löcher erinnert an riesige Augenhöhlen. Im Volksmund werden sie

Der Weg an der Lauter

Die Ochsenlöcher im Hangfelsen

Das Felsendach

Ochsenlöcher genannt. Es rankt sich eine Vielzahl von Geschichten um solche Felslöcher. Den Namen haben sie vermutlich von Ochsen, die Schutz vor Unwettern und Schatten in den Höhlen suchten. Bei aller Ehrfurcht vor den bizarren Formen der Natur finde ich, dass die Löcher etwas unheimlich und geheimnisvoll wirken.

In sanften Bögen, entlang von Wiesen und schmalen Äckern führt mich der Weg weiter. Es ist ein Weg, der sehr harmonisch und weich verläuft. Beeindruckende Felsen bauen sich vor mir auf. Zerklüftet und schroff, trotzen sie Wind und Wetter. Die Felswand ist durchzogen von schwarzen Löchern, die als Nistplätze von vielen Vogelarten genutzt werden. Feuchtwiesen, Äcker und der Fluss bieten ein reiches Nahrungsangebot für die Brut. Die Lauter fließt träge dahin. An sonnigen Tagen erinnert sie an ein silbernes geschwungenes Band im Talboden. Meine Schritte werden leichter, fast beschwingt in dieser betörenden Landschaft.

Nach einigen Metern führt links im Wald ein schmaler Trampelpfad hinauf zu einer großen Felsenkuppel in der Talwand. Diesen Ort erlebe ich bei jedem Besuch anders. Anfangs hat mich der weite, freitragende, fast schon kühne Bogen der Felsenkuppel fasziniert. Ich stand staunend da und war überwältigt von diesem Bauwerk der Natur. Später dann fühlte ich die Kraft dieses Ortes. Hier wirken starke Schutzkräfte und Erdkräfte. Ich verspüre an diesem Platz immer das Bedürfnis, mich hinzusetzen, an die Felswand zu lehnen und dabei mit beiden Fußsohlen den Boden zu berühren. Es ist auch ein Ort des Wartens, der Gedanken und der Meditation. Der Felsen bildet den Raum zum Zuhören und Erzählen. Wer ihn spirituell wahrnimmt, kann seine Geschichten hören. Dieser Ort wurde seit Menschengedenken besucht. Hier wurde Leben geboren und Leben beendet.

Nach einem langen Besuch verabschiede ich mich von der Felsenkuppel und wandere weiter auf dem geschotterten Weg, der immer mehr zum Wiesenweg wird. Am Pfaffenstein, einer fast freistehenden Felsnadel am Talrand, halte ich kurz an. Der Stein soll einst ein Pfarrer gewesen sein. Er ruhte sich hier aus, während an seiner Stelle ein Mesner einem alten Weib auf der Hochfläche die Beichte abnahm. Unmittelbar danach starb die Frau und der sitzende Pfarrer versteinerte. Solche versteinerten Menschenfiguren kann man überall auf der Alb finden.

Geborgenheit unter dem Felsendach

Mancherorts sind es versteinerte Jungfrauen oder uneheliche Kinder. An anderen Stellen sind es schlafende Riesen oder versteinerte Tiere. „Zu Stein werden" ist auch in vielen Märchen eine harte Strafe oder ein grausamer Bann. Bis in die heutige Zeit hat sich dieses Bild erhalten und wir erleben es immer wieder, wie Menschen innerlich versteinern,

Aronstäbe leuchten aus dem Gebüsch hervor

stehen bleiben, hart werden und massive Steinmauern um ihre Gefühle aufbauen. Gerne würde ich einen „versteinerten" Menschen mit auf diesen Kraftweg nehmen.

Das laute Rauschen und Tosen eines Wasserfalls kommt immer näher. Der Hohe Gießel, ein kleiner Wasserfall, macht lautstark auf sich aufmerksam. Das Wasser strahlt eine ungeheure Kraft aus. Leben, Vitalität pur. Der Name Lautertal kommt vom „lauteren", „reinen" Wasser des Flusses. Ein Platz großer Intensität ist die Wiesenfläche zwischen Wasserfall und Hungerbrunnen. Aus dem Boden des Hungerbrunnens drückt mit enormer Kraft das Wasser an die Oberfläche und fließt aus dem „Quelltopf" in einem kleinen Bach ab, der sich weiter unten in die Lauter ergießt. Im Herbst habe ich diesen Brunnen auch schon erlebt. Es war ein ca. 1,50 Meter tiefes, begehbares trichterähnliches Loch im Boden, in dem viele kleine Frösche lebten. Umso faszinierender ist es, wenn man im Frühjahr nach der Schneeschmelze kommt und das trockene Loch hat sich in einen Brunnen mit enormer Schüttung verwandelt. Der Name Hungerbrunnen kommt von den Hungersnöten, die nach starken Niederschlägen und während langer, schneereicher Winter durchlitten werden mussten, denn immer dann führten diese Brunnen genügend Wasser, um wieder aktiv zu werden.

Am Wegrand im Lautertal

Der Weg kommt aus dem Wald heraus und wird immer schmaler. Entlang einer Hangwiese führt der Wiesenpfad an der Lauter und an Feuchtwiesen vorbei. Ich erreiche Yggdrasil, den Weltenbaum, eine alte, freistehende Esche (siehe Seite 18, „Die Esche am Kohlhau"). Bedächtig nähere ich mich diesem Lebewesen, das in fast allen alten Kulturen der Welt eine besondere Bedeutung hat.

Der Weg fordert mich immer mehr. Zweige versperren den Durchgang. Um mich sind Hangwald und ein dichtes Gestrüpp von alten Holunderbüschen, Brennnesseln und riesigen Pestwurzblättern. Der Weg will bezwungen werden und fordert einen sicheren Gang. Ich genieße diesen Urwald und die Abgeschiedenheit. Alle meine Sinne sind hellwach

Schmale Wege

« Lebensraum im Stein

und offen. Noch einige Meter weiter und ich höre wieder Menschenstimmen und Kinderrufe. Das Scheppern eine Fahrradklingel sorgt für freie Fahrt. An der Brücke mit der Schutzhütte und Grillstelle verlasse ich meinen Kraftweg und wandere auf der anderen Talseite zurück zum Wanderparkplatz. Es ist eine gute Möglichkeit, Schritt für Schritt wieder in den Alltag zurückzukehren und manchen der schönen Plätze des Hinwegs aus einer gewissen Entfernung nochmals zu sehen.

In der Umgebung

An den Wochenenden ist das Lautertal ein Anziehungspunkt für viele Erholungsuchende und ab 10 Uhr vormittags bleibt fast kein Talabschnitt von den Besuchermassen verschont. An diesen Tagen empfiehlt es sich auf die Hochfläche auszuweichen und die Weite der Landschaft zu genießen.

Die Schönheit der Alb liegt durchaus auch in der Stille und manchmal auch in der Abgeschiedenheit der Landschaft. Ein Vielzahl von „Herrgottswinkeln" warten darauf entdeckt zu werden. Besonders schön ist es oberhalb der Eichhalde bei Buttenhausen, bei den Steighöfen oberhalb von Bichishausen und bei Dürrenstetten und Bremelau, oberhalb von Gundelfingen.

Wegbeschreibung

Den Ort Anhausen erreicht man von Reutlingen auf der B312 Richtung Engstingen. Vor Engstingen biegt man im Kreisverkehr auf die L230 Richtung Münsingen ab und folgt der Landesstraße bis Gomadingen. Nach Gomadingen abbiegen und über Marbach, Buttenhausen immer im Lautertal bis nach Anhausen fahren. Dort den gesamten Ort auf der Hauptstraße durchqueren und immer weiter an der Lauter entlang, bis zum Parkplatz unterhalb der Maisenburg. Hier zurück über die Lauter gehen und sofort nach rechts in den Schotterweg entlang der Lauter einbiegen. Diesem folgen, bis man die Wartsteinbrücke erreicht. Diese überqueren und nach rechts auf der anderen Seite der Lauter wieder zurück zum Parkplatz laufen.

Die Kraft des Wassers

Am Wartsteinblick – Ein stiller Ausblick

Ein vergessener Platz

Die Ruine Wartstein ist eine der erstaunlichsten Burganlagen auf der Alb. Die Höhenburg erstreckte sich über einen steilen Hang bis fast hinunter ins Tal. Die mächtige Schildmauer dient heute als Aussichtsplattform, die einen zauberhaften Ausblick ins Lautertal und über die Höhenzüge der Alblandschaft bietet. Fast direkt gegenüber, auf der anderen Talseite, befindet sich auf einem vorstehenden Felsenkopf der Wartsteinblick, ein besonderer Kraftort und Aussichtspunkt.

Entdeckt habe ich den Wartsteinblick durch Hinweise von Wanderern, die seit vielen Jahren immer wieder an diesen Platz kommen. Bei der Ausarbeitung einer Tour für die „Expedition Schwäbische Alb" habe ich den Wartsteinblick zum ersten Mal besucht. Es war früh im Jahr, der Frühling kündigte sich an und ich machte mich gemeinsam mit Fritz Merkle auf den Weg, um noch einige Fotoaufnahmen zu machen. Wir stiegen die alte Poststeige hinauf und bogen dann auf einen Waldweg ab. Der Weg wurde immer schmaler und führte bald durch Gebüsch auf kleinen Wegen weiter nach oben. Nach dem langen Winter sah es so aus, als ob in diesem Jahr vor uns noch niemand dort oben war.

Als wir die Hochfläche erreicht hatten, führte parallel zum Talverlauf ein Weg hinaus zum Wartsteinblick. Wir betraten ein kleines Plateau an der Talkante. Schon bei den ersten Schritten fühlte ich die besondere Ausstrahlung des Felsens, auf dem wir standen. Allerdings war bei diesem Besuch keine Zeit für ein spirituelles Erlebnis, ich musste ja noch ein paar Landschaftsaufnahmen in den Kasten bringen.

Zwei Jahre später verspüre ich das heftige Bedürfnis, diesen Platz wieder zu besuchen. Vielleicht ist der Grund darin zu sehen, dass an diesem Tag alles irgendwie chaotisch und ärgerlich ist. Vielleicht sind auch die Bilder, auf die ich „zufällig" im Archiv gestoßen bin, der Anlass dafür.

Die Bank am Wartsteinblick

Die Reste der Wartsteinburg

Kurz entschlossen packe ich also meine Fotoausrüstung und mache mich am frühen Nachmittag auf den Weg hinunter ins Lautertal. Unterhalb der Maisenburg parke ich auf dem Wanderparkplatz und wandere schnellen Schrittes das Lautertal flussabwärts. Sonniges Wetter führt zu einem starken Fahrradverkehrsaufkommen auf diesem Wegstück, auf dem durchweg leichtes Gefälle herrscht, deshalb lässt es manch einer der Freizeitradfahrer recht flott laufen. Ich ärgere mich noch immer über all die kleinen Missgeschicke und Dispute, die an diesem Vormittag stattgefunden haben, und freue mich deshalb auf den steilen Weg durch den Wald, um Dampf abzulassen und Wut abzubauen. Der Weg zum Wartsteinblick ist eine hervorragende Möglichkeit dazu. Selten trifft man dort andere Menschen, und das intensive Erleben des Waldes, die Gerüche, die Feuchtigkeit, die holprigen, teils mit dicken Wurzeln durchzogenen Wege bringen mich mit jedem Schritt wieder auf den Boden zurück. Ich spüre, wie sich Wut und Ärger verflüchtigen.

Nach einiger Zeit erreiche ich zum zweiten Mal das kleine Plateau mit der Bank auf dem Felskopf. Ich lasse mich dieses Mal auf die Kraft und Ausstrahlung des Ortes ein. Das Gefühl für einen Platz muss jeder auf seine eigene Art entwickeln. Für manche sind der faszinierende Ausblick und das Naturerlebnis so bewegend, dass sie ein tiefes Glücksgefühl verspüren. Andere fühlen die Kraft des Felsens und suchen die Verbindung zu diesem Element. Für mich ist der Wartsteinblick ein Ort, an dem ich mein inneres Gleichgewicht wieder finde und neue Energie auftanken kann.

In der Umgebung

Ein schöner Rückweg vom Wartsteinblick führt über das Bärental. An der Stelle, an der sich das Tal deutlich verengt, befindet sich auf der linken Seite ein verwitterter Hinweispfeil aus Holz, der in den Wald hinauf zum Kächelesbrunnen zeigt. Ein richtiger Weg ist nicht erkennbar, aber schon nach ein paar Metern den steilen Hang hinauf stehen wir vor einem Brunnenbecken, das mit Natursteinen eingefasst ist. Ein seltsamer Ort. Mitten im Wald wachsen Schilfrohr und andere Wasserpflanzen, das Quaken eines Frosches ist zu hören.

Früher wurde der Brunnen als Tränke für das Vieh und zur Erfrischung für die Menschen auf den nahe gelegenen Feldern genutzt.

Wegbeschreibung

Wegbeschreibung nach Anhausen siehe Felsendächer am Wartstein auf Seite 126 bis zur Wartsteinbrücke. Wir überqueren hier die Lauter und gehen erst ca. 50 m nach rechts und nehmen dann den mit Wegzeichen (Wz) „rote Gabel" bezeichneten Forstweg links aufwärts. Der Wanderweg führt nach kurzer Zeit rechts weg auf einen weichen Waldweg und überquert bald darauf erneut den Forstweg. Nach ca. 150 m kommen wir oben an. Hier zweigt der Stichweg zum Wartsteinblick mit Wz „roter Winkel" links ab. Und hierher müssen wir auch wieder zurückkommen. Es geht zuerst durch dichtes Gebüsch aufwärts und dann durch hohen Buchenwald, bis wir den Wartsteinblick erreichen.
Zur Abzweigung zurückgekehrt, gehen wir auf dem mit Wz „rote Gabel" gekennzeichneten Weg nach links weiter. Dieser führt uns zu einem geschotterten Forstweg, dem wir geradeaus folgen. An der nächsten Wegekreuzung müssen wir geradeaus. Hier leitet uns das Wz „rote Raute" durch den weichen Wald. Wir kommen im Bärental heraus. Nun rechts auf dem Wiesenweg weiterlaufen, bis das Lautertal erreicht ist. Bevor wir in den Wald hinein kommen, findet man auf der linken Seite an den Bäumen das Schild, welches den Aufstieg zum Kächelesbrunnen weist. Unten im Lautertal geht es links. Nach ca. 800 Metern kommen wir zum Parkplatz.

Die Lourdesgrotte in Sonderbuch –
Wege zur inneren Einkehr

Glaube und Hoffnung

Das Münster in Zwiefalten, der prachtvolle Ort des Glaubens, einst als mächtiges Kloster erbaut und heute in Teilen als Psychiatrische Klinik genutzt, zieht Jahr für Jahr Tausende Besucher in seinen Bann.

Die Münsterkirche gilt als schönste Barockkirche Süddeutschlands und in der Umgebung des ehemaligen Klosters gibt es eine Vielzahl von Kapellen, Bildstöcken und Wegkreuzen. Vor einigen Jahren habe ich dort einen außergewöhnlichen Ort entdeckt, der seltsamerweise kaum im Zusammenhang mit dem Kloster erwähnt wird. An manchen Stellen finden sich Hinweise auf den Kreuzweg in Sonderbuch, aber über die Lourdesgrotte ist kaum etwas bekannt.

An einem Hang ist über einer Quelle eine Grotte gemauert, die der Jungfrau Maria gewidmet ist. Das Wasser der Quelle ergießt sich in einen schön geformten Schalenstein und fließt durch die Grotte weiter, hinaus ans Tageslicht. Faszinierend ist die Fassung des Wasserlaufs. Große Steinplatten lassen einen im Zickzack verlaufenden Spalt frei,

Der Kreuzweg zur Lourdesgrotte

Der Quellstein in der Lourdesgrotte

bis das Wasser wieder im Boden versickert. Der Spalt erinnert an einen Blitz und ist vielleicht ein Bild für die Kraft des Wassers, das einen Felsen zu trennen vermag. Die Grotte selbst ist liebevoll gepflegt und häufig werden frische, duftende Blumen vor dem kleinen Altar aufgestellt. Ein bezaubernder Anblick, der mein Herz berührt. Umgeben ist die Grotte von großen Nadelbäumen und Kastanienbäumen, deren Blätterdach wohltuenden Schatten und Schutz spendet. Neben dem Eingang zur Grotte steht eine Bank. Dort ist mein Platz, wenn ich die Lourdesgrotte in Sonderbuch besuche. Der tiefe Glaube, die Heiligenverehrung und das heilende Wasser aus dem Berg schaffen ein fast greifbares Kraftfeld. In mir kommt etwas in Bewegung, ich spüre, wie neue Energie in mir fließt, wenn ich die Steine und das Wasser dieses Ortes berühre und fühle. Es geht mir gut, wenn ich an diesem Ort bin, ich fühle mich beschützt und geborgen, in diesem eingegrenzten Raum kann mir nichts geschehen, ich kann loslassen, ohne dass etwas verloren geht.

Lourdesgrotten sind dem Vorbild in Lourdes nachempfunden und wurden in der ganzen Welt gebaut. Am Donnerstag, dem 11. Februar 1858, sah Bernadette, eine Tochter armer Taglöhner in Massabielle, am Ufer

Die Lourdesgrotte in Sonderbuch

Ein Wegkreuz an der Lourdesgrotte

des Flusses Gave in einer Felsgrotte zum ersten Mal eine Marienerscheinung. Nach einer Reihe von 18 Wundern in Verlauf von mehreren Wochen wurde die Marienerscheinung von der Kirche anerkannt. Einer der bekanntesten Wallfahrtsorte der Welt wurde gegründet. Jährlich pilgern Millionen Menschen, ob krank oder gesund, nach Lourdes. An vielen Orten sind sie zu Pilgerstätten geworden und schenken Menschen Heilung und neue Lebenskräfte. Das Wasser der Lourdesgrotten gilt als heilig und wird von vielen Gläubigen in kleinen Flaschen mit nach Hause genommen. Oft wurden Lourdesgrotten an alten Kult- und Opferplätzen erbaut. An manchen Plätzen ist diese ursprüngliche Bedeutung noch deutlich fühlbar.

In der Umgebung

Für die Umgebung von Zwiefalten sollte man ein paar Tage Zeit mitbringen. Es sind die alten Wege der Mönche, das Münster, die Baacher Kapelle, die Pilgerwege oder ganz weltlich die Wimsener Höhle und die Fischzucht in Zwiefalten oder die Radlerherberge in einem historischen Siechenhaus, die diesen Winkel der Schwäbischen Alb so liebenswert machen.

Wegbeschreibung

Am einfachsten findet man die Grotte, wenn man von Zwiefalten aus auf der K6746 nach Sonderbuch den Berg hinauf fährt. Direkt am Ortseingang von Sonderbuch, rechts, ist der Friedhof. Hier parken, die K6746 überqueren und man ist am Beginn des Weges, an dessen Ende es nach links zur Grotte geht.

Motiv auf dem Kreuzweg

Literaturangaben
und Bildnachweis

AlbhofTour
mit dem Fahrrad und zu Fuß Landleben erfahren und genießen
von Elsbeth Laux, Pia Münch, Andrea Traub
1. Auflage, 2003 erschienen bei Oertel + Spörer, Reutlingen
ISBN: 3-88627-262-1, vergriffen

AlbhofTour
mit dem Fahrrad und zu Fuß Landleben erfahren und genießen
von Elsbeth Laux, Pia Münch, Andrea Traub
2. Auflage, 2006 erschienen bei Oertel + Spörer, Reutlingen
ISBN: 388627280-X
ISBN-13: 978-3-88627-280-8

Expedition Schwäbische Alb, Hauptwanderweg 1
Wandern, Erleben und Genießen für den Naturschutz
1. Auflage, erschienen bei Oertel + Spörer, Reutlingen
ISBN 3-88627-267-2

Expedition Schwäbische Alb, Hauptwanderweg 5
Wandern, Erleben und Genießen für den Naturschutz
1. Auflage, erschienen bei Oertel + Spörer, Reutlingen
ISBN: 3-88627-290-7

Streifzüge am Rande Midgards
Wolf-Dieter Storl
1. Auflage 2006, erschienen im KOHA-Verlag GmbH, Burgrain
ISBN: 3-936862-86-9

Kelten, Kulte, Anderswelten
Doris Benz, Ben Schreger
1. Auflage 2003, erschienen im Verlag Freya
ISBN: 3-902134-14-3

Mythos Baum
Doris Laudert
5. erweiterte Auflage 2003, erschienen bei
BLV Verlagsgesellschaft mbh, München
ISBN: 3-405-16640-3

Der Landkreis Reutlingen Band 1 und Band 2
1. Auflage 1997, erschienen bei Jan Thorbecke Verlag, Sigmaringen
ISBN: 3-7995-1357-4

Orts- und Flurnamen in Württemberg
Walther Keinath
Verlag Schwäbischer Albverein e.V., 1951

Der Runde Berg bei Urach
Führer zu archäologischen Denkmälern in Baden-Württemberg
Konrad Theiss Verlag Stuttgart
ISBN: 3-8062-0887-5

The Weeping Ash
Joan Aiken
Erschienen im Verlag Doubleday, April 1980
ISBN: 0385157193

Alle anderen Zitate und Sprüche haben sich im Lauf der Zeit in meinem Zettelkasten angesammelt oder ich bin bei Recherchen im Internet „darübergestolpert". Mir sind zu diesen Texten trotz gewissenhafter Recherche keine Rechteinhaber bekannt.

Bildnachweis
Alle Bilder in diesem Buch wurden von Ursel Maichle-Schmitt fotografiert und bearbeitet.

Stichwortregister

W

Mein besonderer Dank

Ein persönliches Buch hat immer auch eine persönliche Geschichte und viele Menschen, die ein solches Projekt begleiten und ermöglichen.

Zuerst möchte ich mich deshalb bei meinen Kindern für ihre Geduldbedanken, wenn ich mal wieder nur am Schreibtisch saß, und für ihre Begleitung bei vielen meiner Wanderungen. Bei meinem Mann möchte ich mich bedanken, dass er die richtigen Worte und Texte für meine Gedanken und Gefühle fand. Besonderen Dank auch an meinen ältesten Sohn, dass er bis heute genügend Kraft im Kampf für seine Gesundheit hatte.

Herzlichen Dank auch an das Verlagsteam von Oertel+Spörer. Ohne diese Menschen wäre dieses Buch in dieser Form nie entstanden. Herr Herrmann, Frau Wehland und Frau Masche haben mit ihrer Geduld, ihrer Kritik und ihren Ideen viel Gutes mit eingebracht und waren bereit, unsere Ideen und Gedanken umzusetzen. Herrn Fuchs, der unentwegt gegen den „Fählerdeufel" gekämpft hat, herzlichen Dank für seinen Rat, seine Hilfe und Geduld. Dank auch an die geduldigen Drucker in Riederich, die zwischenzeitlich wissen, dass wir den Zeitrahmen immer bis zuletzt ausschöpfen.

Zu guter Letzt sage ich herzlichen Dank an Fritz Merkle, der mir einige der schönsten Plätze auf der Alb gezeigt hat. Als hervorragender Pflanzenkenner lenkte er meinen Blick auf manche Schönheit am Wegrand.